VIE

ET

LETTRES ÉDIFIANTES

D'UNE ENFANT DU SACRÉ-CŒUR

Ange et Apôtre !
(*Sa devise.*)

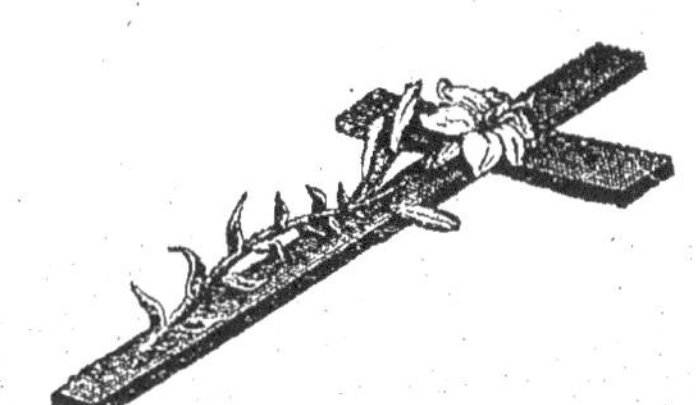

LIBRAIRIE RELIGIEUSE H. OUDIN

PARIS
10, RUE DE MÉZIÈRES, 10

POITIERS
4, RUE DE L'ÉPERON, 4

1897

VIE

ET

LETTRES ÉDIFIANTES

D'UNE ENFANT DU SACRÉ-CŒUR

VIE

ET

LETTRES ÉDIFIANTES

D'UNE ENFANT DU SACRÉ-CŒUR

Ange et Apôtre !
(Sa devise.)

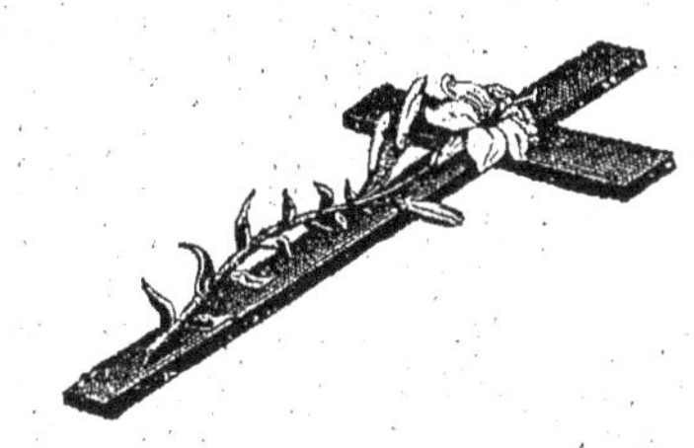

LIBRAIRIE RELIGIEUSE H. OUDIN

PARIS
10, RUE DE MÉZIÈRES, 10

POITIERS
4, RUE DE L'ÉPERON, 4

1897

PRÉFACE

Nous n'entreprenons pas de justifier la publication de cette biographie.

Ce n'est pas précisément pour la postérité qu'elle est écrite ; c'est pour vous principalement, anciennes élèves du Sacré-Cœur de Belle-Croix. Et vous l'accueillerez, nous en sommes sûr, avec un sentiment de joie bien vive.

Depuis longtemps vous l'attendez. Il ne vous suffisait pas de garder au fond du cœur le cher et fortifiant souvenir des vertus et des exemples d'Antoinette du Ranquet. Vous avez manifesté le désir d'avoir sous les yeux le récit de son édifiante vie tout entière. Il vous a semblé que cette âme si angélique, cette physionomie si limpide, ce caractère si noble, qui avait conquis vos ardentes sympathies, plus que cela, votre admiration, devait continuer à répandre parmi vous son doux et bienfaisant rayonnement.

Vous avez eu grandement raison.

Pour nous, qui, somme toute, avons peu connu Antoinette du Ranquet, nous n'avons pas hésité cependant à approuver le projet, — qu'on a bien voulu nous soumettre, — d'écrire sa vie.

Cette existence que, dans notre humaine appréciation des choses, nous sommes tenté d'appeler trop courte, nous laissait soupçonner des trésors de foi et de piété qu'il eût été vraiment dommage de laisser ignorés. En disant de quelques débris d'un pain purement matériel, multiplié par lui au désert : « Ramassez ces restes, de peur qu'ils ne se perdent » (Joan. IV, 2), Jésus, le divin Sauveur, ne nous laisse-t-il pas entendre qu'il importe de recueillir, avec plus de soin encore, ce que nous pouvons retrouver des merveilles opérées par sa grâce dans les âmes dociles à son action ?

La lecture de cette notice a pleinement confirmé notre pensée.

La lumière surnaturelle qui jaillit des paroles et des écrits, souvent cités, de la chère enfant ; l'estime qu'elle professait pour les exercices de piété, et la constance qu'elle mettait à s'en acquitter, sa générosité à se vaincre en tout ; la simplicité gracieuse qu'elle faisait paraître dans ses rapports avec son entourage ; l'ardeur qui la pressait de faire *quelque chose de sa vie*, et de se dévouer aux âmes ; enfin la bonne odeur du Christ qui s'exhale de chacune des pages de sa vie : tout cela est bien propre à élever vos pensées, à exciter votre ferveur, à soutenir votre courage, à alimenter votre vie chrétienne.

« *Ange et Apôtre* » : tel fut, nous vous l'avons dit quelques mois après sa mort, le magnifique programme d'Antoinette. Ange, elle le fut déjà sur la terre par son innocence ; tout nous porte à croire qu'elle l'est devenue définitivement au ciel.

Apôtre, ne peut-on pas dire qu'elle va le devenir, grâce à ce livre qui retrace ses vertus ?

Grandes étaient les espérances qu'elle avait fait concevoir. Dieu l'avait admirablement douée pour exercer sur les âmes une forte et salutaire influence. Mais puisque dans ses desseins, devant lesquels nous devons nous incliner humblement, il l'a retirée de ce monde sans lui laisser le temps d'agir, ne lui réserve-t-il pas un autre genre d'apostolat, celui de l'histoire, qui va plus loin et dure plus longtemps ?

Vous, ses anciennes compagnes, qui avez eu déjà les prémices de son zèle, vous serez encore les premières à bénéficier du récit de sa vie. Ce récit, en vous faisant revivre les jours heureux de votre pensionnat,

en réveillant dans votre esprit de délicieux souvenirs, vous procurera des émotions précieuses. Comme
autrefois, vous vous sentirez entraînées au bien par
celle qui, d'un mot, d'un élan, vous soulevait au-dessus des horizons terrestres et vous faisait accepter avec
elle le devoir le plus pénible à la nature.

Toutefois, cette biographie ne doit point être le partage exclusif de votre groupe intime. Elle ne doit pas
même rester, comme un bien de famille, parmi les
élèves des seules maisons du Sacré-Cœur. Nous avons
l'espoir qu'elle fera du bien dans un rayon beaucoup
plus étendu.

C'est par toutes les jeunes filles chrétiennes qu'elle
peut être lue avec un réel avantage. Elle inspirera sans
doute à plusieurs la pensée de mieux servir notre divin Maître. A toutes, elle fournira le spectacle re-
posant et surtout réconfortant d'une âme généreuse. Au
milieu de tant de défaillances et d'amoindrissements
qui attristent notre fin de siècle, quel enseignement
plus opportun que la preuve vivante *de ce qu'on peut
quand on sait vouloir ?* Osons dire plus, sans être taxé
de prétention. Nous estimons que la publication de la
vie d'Antoinette du Ranquet obtiendra, s'il plaît à Dieu,
un résultat plus important encore, parce qu'il intéresse
la société elle-même dans son ensemble. Ce résultat
sera de montrer l'action efficace et profonde exercée

par l'éducation chrétienne sur la jeunesse contemporaine.

Les pessimistes, les découragés, les malveillants, tous ceux qui attaquent les pensionnats religieux, les accusant de ne former les jeunes filles qu'à une piété factice et éphémère, pourront voir, à la lecture de ces pages vécues, que les Congrégations enseignantes réussissent pourtant à tremper des caractères et à former des âmes énergiques.

Nul ne saurait aller au bout de cette notice sans reconnaître la justesse de la parole, émue et si chrétienne, que laissa entendre M. du Ranquet, aux obsèques de sa fille : « Je bénis Dieu de m'avoir donné cette enfant. Mais je ne puis assez remercier les Dames du Sacré-Cœur, car c'est leur éducation qui l'a faite ce qu'elle était. »

Daignent les SS. Cœurs de Jésus et de Marie, objet d'une si tendre dévotion de la jeune prédestinée, bénir à cause d'elle ces pages écrites sous leurs auspices et pour leur plus grande gloire !

Moulins, fête du saint Rosaire 1896.

H. Paggio, S. J.

PREMIÈRE PARTIE

ENFANCE

VIE

ET

LETTRES ÉDIFIANTES

D'UNE ENFANT DU SACRÉ-CŒUR

CHAPITRE PREMIER

PREMIÈRES ANNÉES

Au jour de l'Octave de l'Immaculée Conception, 12 décembre 1874, naquit l'enfant privilégiée de Marie dont nous retraçons les édifiantes et rapides années. — Renée-Marthe-Constance-Marie-Antoinette du Ranquet vit le jour en cette ville de Clermont-Ferrand, où, dix-neuf ans après, Dieu devait la rappeler à Lui, dans tout l'éclat d'un printemps riche d'espérances.

Plus tard, la date du 12 décembre devint doublement

chère à la pieuse enfant. Ne rappelle-t-elle pas à la Société du Sacré-Cœur de Jésus l'heureuse naissance de la Vénérable Mère Barat ? En fêtant cet anniversaire, Antoinette aimait à penser à la protection maternelle qui d'avance semblait lui assurer son titre d'enfant du Sacré-Cœur, titre dont elle a réalisé le type idéal, tel qu'il fut tracé par la sainte fondatrice sous la direction de l'Esprit de sagesse.

Le jour même de sa naissance, un samedi, Antoinette fut ondoyée : c'était comme la main de la Vierge très pure dissipant sans retard les ombres du péché. Deux mois après, on suppléa les cérémonies du baptême, dans l'église de Saint-Genès-les-Carmes.

L'enfant fut tenue sur les fonts sacrés par son vénérable grand-père maternel, Olivier-Charles-René, comte Doynel de la Sausserie, et par sa grand'tante, Anne Marie-Antoinette de la Roussière, née du Ranquet. C'était le 5 février 1875, encore un samedi ; tout devait être marqué de l'empreinte de Marie dans l'existence de cette élue du ciel.

Autour de cette enfant dont nous saluons l'entrée dans la vie, il semble que l'on aperçoive une lumineuse couronne tout étincelante des gloires de la sainteté. La main du Seigneur l'avait formée, en se choisissant dans la famille, des vierges, des apôtres, magnifique pléiade de dix-sept religieux, où brille d'abord le sacrifice sublime de cinq frères, oncles de M. du Ranquet. Non contents de dire adieu au monde, en s'enrôlant sous l'étendard de la Compagnie de Jésus, ils ambitionnèrent bientôt les terres lointaines de l'exil, et ces intrépides missionnaires ont répandu partout où ils ont passé le feu divin qui les consumait (1). Leurs neveux, sans tarder, s'élancèrent sur leurs pas : l'un s'enrôla parmi les vaillants fils de saint Ignace et, missionnaire comme ses oncles, il est depuis longtemps à Trichinopoly dans les Indes orientales. Deux sœurs choisirent également le Seigneur pour leur part d'héritage : l'une, chez les Sœurs de Saint-Vincent-de-Paul, l'autre dans la Société du Sacré-Cœur de Jésus. La première a dépensé son zèle sous le climat brûlant de l'Afrique ; la seconde s'est sanctifiée dans la fleur de la jeunesse au couvent de Belle-Croix où elle a vécu ; on disait d'elle : « Cette Religieuse, c'est l'humilité même »... Court mais magnifique panégyrique !

Un frère restait cependant pour porter dans le monde la gloire d'un nom auquel l'Église était déjà si redevable. A son tour il voulut, lui aussi, faire quelque chose pour son Dieu. Ce fut dans les rangs de l'armée pontificale, puis sous les drapeaux de la France en 1871, qu'il se signala au service du divin Maître. « *Je suis fille de zouave !* » répétera souvent, avec une juste fierté, l'enfant dont le cœur battait si bien à l'unisson de celui de son père.

---

(1) Les Révérends Pères Louis, Charles et Victor du Ranquet évangélisèrent le Maduré où ils sont morts au bout de peu d'années, usés par le climat et les fatigues d'un rude, mais fécond apostolat. Leur frère, le Révérend Père Henry du Ranquet, s'est dépensé pendant 40 ans à New-York, auprès des prisonniers et des pauvres.

Enfin, le Révérend Père Dominique du Ranquet, seul survivant de cette héroïque famille, mène encore au Canada la vie d'un vaillant apôtre, malgré le poids de ses 83 ans.

Par son mariage, M. Joseph du Ranquet était entré dans une noble et chrétienne famille de Normandie. Le nom des comtes Doynel, comme celui des du Ranquet, rappelle non seulement les vertus patriarcales, mais encore les gloires dont un chrétien peut s'honorer. Ainsi, le frère aîné de Mme du Ranquet tomba héroïquement à Mentana, dans les rangs de la vaillante légion du Pape. Une de ses sœurs, vénérée déjà comme une sainte, mourait à 33 ans, supérieure de la Congrégation de Sainte-Ursule, à Chinon.

De part et d'autre, Antoinette avait donc à recueillir un bel héritage de vertus et de grands exemples. Son âme pouvait respirer dans une atmosphère tout imprégnée de surnaturel et de foi.

A l'heure où l'enfant vint au monde, une sœur égayait déjà le foyer domestique. Trois ans après, une nouvelle petite fille devait compléter ce trio charmant, dont l'union si parfaite fut un beau modèle d'affection fraternelle.

Arrêtons nos regards sur celle qui fut, d'une manière spéciale, l'enfant bénie de la Vierge immaculée.

Par la date même de sa naissance, Antoinette semblait être placée sous la protection de Marie. De bonne heure, la Reine du ciel fit comprendre qu'elle veillait sur elle avec une divine tendresse. A deux ans, la chère petite tomba sérieusement malade ; les plus tendres soins l'entouraient, mais déjà volontaire et tenace, l'enfant refusait obstinément de prendre le moindre remède. Aux caresses comme aux menaces, elle répondait en serrant les dents :

« Pas de drogues. » Le mal ne faisait qu'empirer. Les parents désolés promirent à la très sainte Vierge de lui consacrer Antoinette, et de la conduire au pèlerinage de Lourdes, si elle daignait rendre la santé à leur chère enfant. La Mère de miséricorde entendit cette prière : la petite capricieuse fut guérie, sans l'emploi d'aucun remède.

Par ce même moyen facile et doux, Antoinette une seconde fois devait retrouver la santé.

On était au temps des vacances. Le comte et la comtesse Doynel avaient annoncé leur arrivée pour le lendemain ; tout respirait la joie au Ranquet : pour cette famille si unie, être ensemble c'était le bonheur ! Notre chère petite, qui avait déjà une profonde et vive tendresse pour ses grands-parents, s'était endormie joyeuse en répétant : « Demain ! demain ! » Tout à coup, elle s'éveille en poussant des cris affreux. De violentes douleurs l'avaient saisie : « J'ai peur, disait-elle, je vais mourir ! » Ses petits membres convulsionnés se tordaient sur son lit, et les calmants les plus énergiques restaient sans effet. M. et Mme du Ranquet attendaient avec angoisse l'arrivée du docteur ; à genoux, ils suppliaient Dieu et la Vierge Marie de sauver de nouveau leur petite malade. Au nom de sa divine protectrice, l'enfant joignit les mains avec une gravité qui impressionna les assistants. « Bonne « Sainte Vierge, dit-elle d'une voix entrecoupée, gué-« rissez votre petite fille, elle va mourir. Demain, lors-« que grand-père et grand'mère arriveront de Normandie,

« ils ne la trouveront plus... ils auront beaucoup de
« chagrin... Guérissez-moi, je vous en prie. » On lui fit
prendre quelques gouttes d'eau de la Salette : aussitôt la
« crise cessa. « Laissez-moi maintenant, « dit la fillette
avec calme, je sens que la sainte Vierge » m'ôte mon
mal, demain tout sera fini ». Et en effet, le lendemain,
elle venait, rayonnante de joie et de santé, se jeter dans
les bras de ses chers grands-parents.

Marie se montrait donc la plus tendre des mères pour
cette enfant qui lui voua désormais l'amour le plus ardent,
la confiance la plus filiale.

Par cette dévotion des prédestinés, le cœur d'Antoinette
semble s'être ouvert très jeune encore à la piété fervente ;
cette piété restera sa force et son appui dans les luttes
qu'elle aura à soutenir. On pouvait les prévoir déjà, ces
combats intimes. Ils s'annonçaient par les saillies d'un
caractère presque violent, irritable, et supportant mal le
joug de l'obéissance ou de la contrainte. Avec cela, d'aimables et charmantes qualités : nature ardente et affectueuse, elle avait mille manières d'exprimer sa tendresse ;
délicate et sensible, rien n'échappait à son bon cœur ; elle
savait consoler, remercier, et sa présence était vraiment
un rayon de joie..., quand l'orage ne grondait pas !...

Peu de chose, il faut l'avouer, suffisait pour amener ces
brusques changements. Un jour, Antoinette, qui avait
alors deux ou trois ans, réclame impérieusement à sa
bonne deux mouchoirs de poche au lieu d'un, car le soin
de sa petite personne et l'instinct de la propreté lui créaient

de singulières exigences. Marguerite refuse de satisfaire le caprice ; alors, irritée, l'enfant déchire entre ses dents le mouchoir unique qu'on lui avait donné, et, agitant les deux lambeaux dans ses petites mains, elle crie d'un air de triomphe : « J'en ai deux quand même ! »

Les contrariétés la blessaient au vif ; quand elle ne pouvait témoigner son mécontentement par des voies de fait, de grosses larmes de colère coulaient en abondance.

Les réprimandes étaient sensibles à cette nature aimante et droite ; mais si l'observation ne lui semblait pas juste, l'enfant se raidissait et devenait intraitable. « Je la vois encore, nous dit Mme du Ranquet, un jour où son père lui avait fait quelque sérieuse remontrance ; rouge de colère, les mains croisées derrière le dos, elle se promenait à grands pas, secouant la tête d'un air de révolte et murmurant entre ses dents : « C'est très laid, c'est très méchant de me gronder ainsi ! » Une grande partie de la journée se passa dans la rébellion ; mais le soir, vaincue par sa conscience, elle venait d'elle-même se poser toute tremblante devant son père et, le regardant avec tendresse, elle s'écria au milieu de ses sanglots : « Oh ! oui, j'ai tort, papa, je suis bien méchante ! »

Mme du Ranquet comprit que la douceur et la persuasion domineraient seules le caractère difficile de sa chère enfant. Par une pensée de foi, une conversation pieuse, elle ramenait le calme, même au sein de la tempête, et si l'on devait dire : « Antoinette, tu fais de la peine au bon Dieu » ; immédiatement la fillette regrettait sa faute, et demandait pardon avec une humilité touchante. Du reste, elle ne dissimulait jamais ses torts, et déplorait la première ce qu'elle appellera jusqu'à la fin « son vilain caractère ». La pensée qu'on pouvait ne pas l'aimer à cause de ses défauts, faisait souffrir déjà ce cœur d'enfant, qui sentait un immense besoin d'affection, et s'attachait très vivement à ceux qui l'entouraient de tendresse.

Antoinette avait tous ces dons extérieurs que le monde apprécie : son ensemble gracieux et distingué, sa physionomie charmante et expressive attiraient les regards : « Oh ! la jolie petite fille ! » disait-on en la voyant, et elle prêtait volontiers l'oreille à ces éloges flatteurs. Ses réparties vives et spirituelles devenaient un nouveau danger pour sa vanité naissante, car il était difficile de laisser dans l'ombre cette pétillante enfant que tout concourait à mettre en relief. Cependant la vigilance maternelle ne s'endormait pas, et la sagesse de l'aïeule vénérée répétait souvent : « Prenons garde au danger de la flatterie ; c'est un vin capiteux qui grise notre Antoinette. »

La petite fille en effet était loin de dédaigner les compliments et, au moment de sa Première Communion, elle écrivait au R. P. B. cette inquiétude de conscience : « Je veux qu'on me trouve gentille, quand je fais quelque chose de bien. » — « Le désir que vous avez d'être trouvée gentille, lui répond ce bon Père, n'ôte pas tout le mérite du bien que vous faites, et ne vous rend pas désagréable au bon Dieu, pourvu que vous n'agissiez pas uniquement *pour qu'on vous dise gentille.* Faites le bien, pratiquez la vertu pour vous rendre agréable à Jésus et à Marie ; quand bien même une pensée d'orgueil vous viendrait, ne cessez pas pour cela de faire le bien ; seulement écartez-la, si vous vous en apercevez, ou n'y faites aucune attention. »

Son esprit juste et droit devait échapper sans retard à ces appâts trompeurs de la flatterie qui séduisent la jeunesse. Elle n'avait pas douze ans que déjà l'Esprit-Saint lui inspirait cette résolution : « J'aimerai beaucoup toutes les personnes qui me feront des reproches ; quant à celles qui me diront des compliments, je ne les croirai pas. »

Un peu plus tard, son cœur délicat lui suggérera cette prière : « Mon Dieu, faites que je m'efface toujours, pour laisser briller mes sœurs. » Enfin, elle en viendra au mépris souverain de la vanité, et ses amies pourront écrire : « Par son intelligence et par son cœur, Antoinette était plus haut que les vaines choses de la terre. »

Si ce puéril défaut fut promptement vaincu, il n'en fut pas de même des autres ; le fond de la nature ne capitule pas aussi vite. Dieu, qui avait fait cette enfant pour la lutte, lui laissera jusqu'à la fin des ennemis à vaincre.

L'auxiliaire le plus puissant dans ces précoces combats fut, sans nul doute, la pensée de la première Communion.

A l'âge de huit ans, voyant sa sœur Marie se préparer pieusement à ce grand acte, la petite Antoinette se mit également à y songer. La volonté de se vaincre fut dès lors si fortement ancrée dans ce jeune cœur, que rien ne put jamais l'ébranler. C'est que l'amour vrai de Jésus, l'amour qui se prouve par le sacrifice, commençait à brûler dans cette âme. Avec une vigueur peu commune, elle livrait aux flammes divines les caprices de sa volonté et les révoltes de sa nature. Il suffisait de lui dire en face d'un acte coûteux : « Fais-le pour Jésus, pour qu'Il soit content ! » Aussitôt son parti était pris. Le signe de la lutte ne paraissait sur son charmant visage que pour être dominé sans retard par un air résolu et presque belliqueux, qui faisait dire : « Jusqu'où n'ira pas cette enfant ? »

CHAPITRE II

PREMIÈRE COMMUNION

Antoinette se développait à la forte et douce école de la famille. L'élément chrétien et franchement surnaturel l'entourait si complètement que, de jour en jour, la piété et la vertu prenaient en elle un nouvel essor.

Une connaissance plus étendue des vérités de la foi devenait nécessaire, en vue de la préparation prochaine au grand jour de la première Communion. Mme du Ranquet s'était faite d'abord la catéchiste assidue de son enfant; mais, dans une tâche si délicate, elle voulut être aidée par les soins du prêtre, et pria les Religieuses de la Miséricorde de vouloir bien admettre sa chère fillette aux instructions données à leurs premières communiantes. Marie avait été préparée de même dans cette sainte maison. Notre pieuse enfant, tout heureuse des douces perspectives qu'entrevoyait sa foi, compta pour rien les fatigues d'une course quotidienne, les privations du repas

de famille, et les études prolongées pour faire ses rédactions de catéchisme.

On habitait alors le château du Ranquet, « ce cher petit
Ranquet, si bien posé dans son nid de verdure, » qu'Antoinette devait tant aimer ! Placé dans l'un des sites les
plus riants de l'Auvergne, unissant les charmes de la
plaine et la vue des montagnes, il est séparé de la paroisse
de Billom par trois kilomètres de distance, qu'une belle
route, ombragée de grands arbres, fait un peu oublier. Sur
ce chemin, tant de fois parcouru, Antoinette rencontra
souvent deux pauvres petites filles, dont l'aspect misérable
attirait son bon cœur. Elle leur gardait la meilleure partie de son goûter, ou même de son déjeuner. Echappant à
la surveillance de sa bonne, elle courait en avant leur
offrir, avec une grâce charmante, le fruit de sa charitable
mortification. Le pain sec et la joie d'avoir fait du bien
faisaient ensuite tous les frais du repas.

Plus le moment de la première Communion approchait,
plus les efforts d'Antoinette sur elle-même étaient sensibles ; elle apportait à se vaincre sa bouillante ardeur,
et exigeait des victoires, alors que la nature voulait le
repos ou la liberté. Prenant note de ses colères fréquentes,
de ses réponses vives, de toutes ses fautes, elle s'impose la peine du talion, avec une énergie rare à cet
âge.

« Aujourd'hui j'ai été méchante : eh bien ! pour réparer, je ferai cinq bons actes de mortification. — Je me
suis impatientée : je parlerai doucement à tout le monde. »

« Déjà, nous dit une des Religieuses qui la voyaient, elle sentait le besoin de l'expiation ; il lui apparaissait comme un devoir, et le devoir était chose sacrée à ses yeux. » On peut dire que son souci, sa préoccupation d'alors, fut d'offrir sans cesse quelques nouveaux sacrifices au Sauveur attendu ; sa ferveur était telle, que les difficultés de caractère semblaient avoir momentanément disparu. Doux miracle d'un amour généreux, dans un cœur très aimant !

Quelques semaines avant la première Communion, Mlle C. R. de L., qui se disposait à entrer chez les Dames du Cénacle, vint au Ranquet faire une visite de parente et d'amie. Sa petite cousine lui témoigna une confiance et une affection dont elle a gardé, dans le cloître, un vivant souvenir. Apprenant sa mort, elle écrivait : « Je n'oublierai jamais l'impression que m'a faite cette enfant : elle ne pensait plus qu'à Dieu ! Cherchant souvent à être seule avec moi, elle me demandait aussitôt de lui parler du Ciel, de Notre-Seigneur, de son amour. Je sentais chez elle une idée fixe. — « Dis-moi quelque chose, » répétait-elle toujours. — Je cherchais à la satisfaire, sans jamais pouvoir y arriver complètement. Ce qu'elle désirait, on pouvait le lire dans son regard pur et profond : c'était une parole pieuse. Peut-être aussi un mot sur ma vocation, qui lui eût permis de me parler de la vie religieuse à cœur ouvert. Par discrétion, Antoinette ne me disait rien à ce sujet, mais elle devinait tout, et comprenait d'une manière vraiment surprenante pour son âge l'appel à la vie parfaite. Il me souvient de l'accent avec lequel elle me dit le jour de sa première Communion, en me donnant un crucifix : « Cette croix n'est pas en argent, parce que je veux que tu puisses la garder toujours. » Beaucoup de personnes ne savaient pas alors, aussi bien qu'elle, que je ferais vœu de pauvreté ; pourtant je ne lui avais rien dit. »

Attentif à procurer le bien de cette âme de prédilection, Dieu lui avait envoyé un véritable secours en la personne du R. P. B. de la Compagnie de Jésus. Durant l'hiver, il avait donné une mission à Billom, et s'était intéressé très particulièrement à la petite première communiante ; aussi, revenant à Clermont pour prêcher le Mois de Marie, il s'échappait pour venir passer une journée chez les Religieuses de la Miséricorde, adressait une allocution aux enfants, et confessait Antoinette, dont l'âme candide l'avait charmé.

Le 14 mai 1885, ce saint Religieux ouvrit la retraite préparatoire à la visite de Jésus. Notre chère petite avait quitté sa famille pour être tout entière aux grandes pensées de la foi.

En tête de son cahier, elle trace en belles lettres majuscules le mot d'ordre de saint Ignace : *Ad majorem Dei gloriam !* puis, sa devise à elle : « *Plutôt la mort que le péché.* » — A la suite : « *Le plaisir de mourir sans peine vaut bien la peine de vivre sans plaisir !* » — « *Ou souffrir ou mourir !* » Et enfin une prière filiale à Marie : « *Vierge, ma bonne Mère, aidez-moi, éclairez-moi.* » Il y a, dans le

choix singulier de ces paroles, une vraie révélation de
l'âme de cette enfant : âme pure et délicate, qui repousse
le mal de toutes ses énergies ; âme ardente et généreuse,
qui vise haut, et paraît appeler la souffrance ! Sans doute,
nous ne prétendons pas assurer qu'elle pénétrait jusqu'au
fond le sens de ces sublimes maximes ; mais Dieu, qui
les lui rappelait, semble les lui avoir déjà fait savourer.
Quant au dernier mot, celui qu'elle adresse à Marie, il est
bien le mot de toute sa vie : sa Mère du ciel fut toujours
son soutien, son guide et sa lumière !

A croire les attestations de ceux qui en furent les témoins, grande fut la ferveur de notre petite retraitante.
Elle prépara avec soin sa confession générale ; son humble
attitude, ses larmes abondantes disaient assez le sincère repentir dont elle était pénétrée : « Oui, mon Jésus,
j'ai une vive douleur !... pardonnez-moi, s'il vous plaît, »
écrit-elle. Son âme paraissait avide de tout ce qui pouvait la purifier et l'orner : pieuses lectures, méditations,
cantiques, prières ; tout exercice la trouvait recueillie,
uniquement occupée à plaire au Jésus qu'elle appelait de
tous ses vœux.

Enfin arriva la veille du grand jour. Laissons Antoinette nous raconter, dans son langage d'enfant, les pieuses
émotions qu'elle ressentit : « Vers les quatre heures je me
« confessai. Après que le bon Dieu m'eut pardonné mes
« péchés, je ne puis dire quelle joie j'éprouvai. Je sentais
« mon cœur pur, sans la moindre petite tache... Oh ! que
« j'étais heureuse ! Cependant il manquait quelque chose

« à mon bonheur : il me fallait la bénédiction de mes pa-
« rents bien-aimés. Je vins au parloir où étaient ces chers
« parents... Je me jetai dans les bras de maman, et je lui
« dis : Maman, pardon ! Je pleurais de tout mon cœur,
« mais c'étaient des larmes bien douces que je versais !
« Maman et grand'mère aussi pleuraient bien. »

L'aurore du 19 mai 1885 amena toute la famille d'Antoinette à Billom. Quand sa mère et sa sœur entrèrent dans
sa chambre, elles la trouvèrent les mains jointes, les yeux
levés au ciel, dans l'attitude d'une fervente prière. Il
commençait ce beau jour dont elle avait écrit : « C'est le
plus grand, le plus doux, le plus magnifique de tous les
jours. C'est un jour du ciel passé sur la terre ! » Il
devait bien être cela pour la pieuse enfant, car Dieu se
donne dans la mesure où nous nous donnons nous-
mêmes, et cette âme se livrait autant qu'elle savait le
faire !

« En m'éveillant, lisons-nous dans ses notes, ma pre-
« mière parole a été : Jésus ! Jésus ! Je priais, je pleurais
« en pensant que dans quelques heures mon Bien-Aimé
« allait descendre en moi. Oh ! que j'étais heureuse ! Je
« sentais que mon cœur était pur et que mon âme
« jouissait d'une paix profonde. Enfin maman arriva.
« Mon émotion était grande, mais je ne la laissais pas
« paraître. Je m'habillai, et lorsque j'eus mis ma robe
« toute blanche, Madame Sainte-M. m'attacha mon
« voile ; à ce moment, ne pouvant plus y tenir, je me
« mis à pleurer. »

« Elle était si recueillie, nous dit sa mère, qu'elle ne faisait nulle attention à ce qui se passait autour d'elle ; la pensée de Notre-Seigneur l'absorbait et, durant la journée, sa physionomie garda une expression céleste et indéfinissable dont tout le monde fut frappé. On sentait battre dans son cœur le Cœur même de Jésus ! Que de mystérieuses tendresses s'échangèrent sans doute entre Lui et sa petite Antoinette ! J'en eus le pressentiment si fort, que, lorsque mon excellente amie M. Th. B. me félicita, en me disant : « Vous êtes une heureuse mère, Antoinette a communié comme un ange, » je lui répondis : « Oui, je suis heureuse ; mais je sens qu'il s'est passé quelque chose de particulier entre Notre-Seigneur et mon enfant. Je crois qu'elle s'est donnée tout entière à Lui ! »

Ce pressentiment maternel était fondé, et le dialogue qui s'établit entre Jésus et la première communiante est consigné avec une simplicité ravissante :

— « Ma fille chérie, je suis dans ton cœur. »

— « Seigneur Jésus, que voulez-vous de moi ? »

— « Tu te consacreras à moi. Tu m'aimeras de tout ton cœur. Tu feras le bonheur de tes parents. »

— « Oui, mon bon Jésus, je me donne à vous tout entière, et je vous aimerai par-dessus tout. »

Vers le soir, le R. P. B., dans une paternelle visite aux heureuses privilégiées de ce jour, les enrôla sous le nom d'*Apôtres de la prière et du sacrifice ;* il remit à chacune une petite croix, comme souvenir de son engagement.

N'y a-t-il pas là une lueur prophétique, éclairant la vie de notre chère enfant ?...

Antoinette revint au Ranquet, avec des résolutions propres à exciter l'étonnement, quand on songe que l'enfant qui les formulait n'avait que dix ans et demi :

« Je me rappellerai toujours la sainte présence de « Dieu, dit-elle ; j'aurai la plus grande confiance en Lui, et « je le regarderai comme le meilleur des pères.

« La crainte de déplaire aux hommes ne m'empêchera « jamais de faire mon devoir, et j'aimerai mieux mourir « que d'offenser le bon Dieu. J'éviterai avec soin tout ce « qui pourrait me conduire au péché.

« Je m'appliquerai sérieusement à acquérir toutes les « vertus, surtout l'humilité, la douceur, la patience, l'ab- « négation. Je combattrai sans relâche mon défaut domi- « nant et tous les autres défauts.

« J'obéirai exactement, promptement, et avec joie, à « mes parents et à tous ceux à qui je dois obéir. Je me « proposerai l'Enfant Jésus comme modèle de mon obéis- « sance.

« *J'aimerai Dieu de tout mon cœur, je ferai souvent des* « *actes d'amour.*

« Tous les jours, je ferai plusieurs actes de mortifica- « tion.

« Enfin je me propose, avec la grâce de Dieu, de prendre « pour règle de ma vie le *devoir,* tel qu'il me sera tracé « par ma conscience. »

Malgré toute sa ferveur, malgré ses bonnes résolutions,

l'enfant retrouve sans tarder l'ennemi debout devant elle. C'est bien ce qui se passe pour toutes les âmes, même les plus saintes, en cette vie d'épreuves; mais Antoinette s'étonne et s'afflige. Encore inexpérimentée, elle ne savait pas que le Jésus si bon et si doux, dont elle venait de goûter les charmes, était aussi le Dieu des combats! Elle confie sa peine à l'excellent directeur qui l'avait préparée à sa première Communion, et la réponse fait deviner ce que devait être la lettre.

« MA BIEN CHÈRE PREMIÈRE COMMUNIANTE,

« Comment faire pour ne plus m'intéresser à vous ?... Votre âme est tellement aimée du bon Dieu!... Lui seul pourrait vous dire combien! Ah! ma petite enfant, aimez de tout votre pouvoir Celui qui vous aime ainsi.

« *Vous n'êtes pas bonne,* » m'écrivez-vous ; mais vous serez, mais vous deviendrez, vous commencerez tout de suite à devenir meilleure; et *bien, bien* meilleure, pour montrer, mon enfant, que vous aimez Jésus de toute votre âme. Vous ne savez plus vous *gêner,* vous *mortifier...* Eh bien ! Antoinette, quoique vous aimiez beaucoup moins à le faire, vous vous gênerez, vous vous mortifierez, quand le devoir l'exigera, et même sans qu'il y ait un devoir, quand vous verrez que par là vous ferez plaisir à Notre-Seigneur.

« Enfin, comme vous allez être bonne et douce envers

vos sœurs ! Vous me l'annoncerez sans tarder... Et pourquoi bonne et douce envers vos sœurs? Parce que, mon enfant, Jésus les aime ; souvent il se donne à Marie dans la sainte Communion, et à Françoise, bientôt, dès que ce sera possible. Puis le bon Maître est doux et humble de cœur ; Antoinette ne veut-elle pas bien lui ressembler ?

. . . .

« Comptez sur mes prières, ma chère enfant, je vous bénis de mon mieux. Oh! avec quelle ardeur je désire que Jésus et Marie soient de plus en plus contents de vous !

« Votre père dévoué en N.-S. »

Une autre fois, elle avait fait sans doute une sorte de confession très loyale de tous ses défauts ; une énumération dans le genre de celle que nous trouvons sur son calepin : « Je suis colère, je suis gourmande, j'aime les bonnes choses, je m'amuse des autres en me moquant, je me dispute et je commande à mes sœurs, » etc.

« Ma fille Antoinette ne se mettra plus jamais en colère, répond le bon Père B. Afin de se corriger, elle fera une convention avec sa langue de ne rien dire, pas même un mot, aussitôt qu'elle se sentira sur le point de s'impatienter ; tant que cette impression durera, *silence*. Saint François de Sales, qui, lui aussi, était porté à la colère, avait pris cet excellent moyen, et il est devenu un modèle de patience. Essayez de cette méthode, ma fille, et moyennant

le secours divin, que vous obtiendrez par l'invocation :
« *Jésus doux et humble de cœur* », vous arriverez à la
correction désirable.

« Quant à la gourmandise, je crois qu'il sera plus facile
de vous en débarrasser, en pensant aux privations de
Jésus enfant dans sa crèche et à Nazareth. Il a souffert
pour vous ; par amour pour lui, et afin de souffrir un peu
comme lui, mortifiez votre goût, mais faites-le joyeusement.

« Ne vous moquez pas des autres : le prochain, c'est
Jésus ! La charité, c'est son précepte. Souvenez-vous-en
toujours, mon enfant ; ne pensez, ne désirez, ne faites rien
qui soit contraire à ce commandement du Maître.

« Soyez gentille avec votre institutrice, non pas pour elle,
mais pour le bon Dieu ; imitez la docilité de Jésus enfant,
qui n'obéissait pas seulement à sa divine Mère, mais aux
autres encore, quand tel était le bon plaisir de son Père
céleste. Ce motif est suffisant à ma fille Antoinette, qui a
reçu tant de grâces du divin Cœur de Jésus, et qui veut
l'aimer tous les jours davantage. »

Les difficultés que la chère enfant trouvait dans sa nature
impétueuse se compliquaient, à cette époque, d'un état
maladif, qui la rendait plus sensible, disons le mot,
plus irritable encore. La cause de cette altération de santé
fut attribuée, par le docteur, aux efforts extraordinaires et
continuels qu'elle avait dû faire pour se vaincre, durant
les mois qui précédèrent sa première Communion. Dieu ne
regardait-il pas avec une paternelle compassion cette jeune

âme déjà si vaillante, dont les forces s'étaient épuisées dans les rudes combats de la première heure ?... Ses parents ressentaient aussi pour elle une douce pitié, qui les portait à l'indulgence, presque à la faiblesse.

Pour son compte, Antoinette se jugeait inexcusable de n'être pas encore parfaite. A chaque nouvelle faute, elle se gourmandait fortement, se dépitait, et finalement se laissait aller à de violentes crises de découragement. Alors elle se redisait avec larmes : « Je n'ai pas l'air d'une petite fille qui vient de faire sa première Communion ! Jamais je ne me corrigerai ! » Son guide spirituel la relève avec bonté.

« Vous vous découragez, ma fille ; s'il vous plaît, ne « faites jamais cela. Eh ! quoi donc, le bon Dieu est votre « Père, il vous aime beaucoup ; ayez confiance en son « amour ; et vous deviendrez, non pas un peu, mais « bien meilleure. Exercez-vous à la patience envers vos « défauts, et traitez-vous doucement. — Si le démon « vous tourmente, c'est que vous ne lui plaisez pas ; et « savez-vous pourquoi ? C'est que vous êtes l'amie de Jé- « sus. N'ayez pas peur du démon, mon enfant ; c'est un « chien qui peut aboyer, mais il ne mord que ceux qui « veulent être mordus. Traitez-le avec mépris et ne faites « nulle attention à lui ; surtout ne craignez rien, il est si « peu puissant ! Appelez la sainte Vierge à votre secours. « Elle ! oh ! oui, elle est puissante et bonne ; bonne, « comme personne ne peut l'être.... Aimez-la toujours beau- « coup, j'aime à voir votre confiance en elle ! »

Marie, qui apprend à ses privilégiés les secrets du Tabernacle, avait communiqué à Antoinette une foi si vive en
la présence réelle, que cette enfant avait comme un
irrésistible besoin de l'Eucharistie. Les visites au Saint-
Sacrement, la Messe, la Communion surtout était l'objet
de tous ses désirs. Il faut bien croire qu'elle en parlait
dans toutes ses lettres au R. P. B. ; car, dans les réponses de ce dernier, on trouve des phrases telles que
celle-ci :

« Communiez *encore* et *encore* ; pour devenir semblable
à Jésus doux et humble, je ne sais pas de moyen meilleur. Approchez de Notre-Seigneur aussi souvent que
possible, vous savez que c'est mon avis. »

Citons en entier la lettre suivante, écrite au mois de
juin 1886. Elle fera mieux saisir les sentiments d'Antoinette, relativement à la sainte Communion, et montrera
les heureux effets produits en elle par la fréquente par-
ticipation au Pain des Anges.

« MON ENFANT,

« Vous ne pouvez me faire un plus grand plaisir
qu'en me disant que vous êtes sage ! Vous m'annonceriez
un jour que vous êtes devenue reine, cela me serait
indifférent ; mais vous me dites que vous aimez le bon
Dieu, que vous cherchez à le lui prouver, cela augmente
ma joie.

« Votre bonheur le 19 mai 1886 ne ressemblait pas, dites-vous, à celui de votre première Communion. C'était pourtant, et ce sera toujours le même bonheur, mon enfant, vous le savez bien. Peut-être, pour plusieurs raisons, est-il moins senti ; mais ce n'est pas un dommage. Considérez bien que, plus vous multipliez vos communions, plus vous devez être disposée à la communion suivante. Ainsi, de communion en communion, il y aura dans votre cœur, plus d'amour de Dieu ; dans votre âme, plus de grâces ; dans votre conduite, plus de sagesse ; finalement plus de bonheur véritable. Êtes-vous bien assurée, mon enfant, de ne jamais plus retrouver les douces joies de votre première rencontre avec Jésus? Sur la terre, peut-être... et encore, qui sait ?... Mais, à coup sûr, le jour où vous entrerez dans le Ciel, ce sera le bonheur de la communion éternelle. En attendant, le divin Maître vous tient en réserve beaucoup, beaucoup de grâces. Soyez reconnaissante et généreuse envers le divin Cœur de Jésus. »

C'est à ce divin Cœur que M. et Mme du Ranquet résolurent de confier leurs deux filles aînées ; ils savaient qu'aux rayons de ce soleil divin, l'intelligence serait mieux éclairée, la volonté plus affermie dans le bien. Ils n'hésitèrent pas à se résoudre au sacrifice d'une douloureuse séparation, car, en parents chrétiens, ils cherchaient avant tout les avantages surnaturels d'une éducation virile et sérieuse, basée sur les principes de la foi. Leur choix s'arrêta sur le pensionnat du Sacré-Cœur de Belle-Croix, près de Moulins.

DEUXIÈME PARTIE

BELLE-CROIX

CHAPITRE I

ENTRÉE AU PENSIONNAT

Belle-Croix est agréablement situé dans le voisinage de Moulins, qu'il domine de ses toits élevés et du clocher de sa jolie chapelle gothique. Un vaste jardin l'entoure : les prairies, les bois, les larges allées, varient l'aspect de cet enclos, dont on aime la fraîche verdure, les buttes pittoresques, mais surtout cette grotte de Lourdes, qui rappelle si bien Massabielle, cette longue avenue de marronniers, terminée par une magnifique statue du Sacré Cœur, sur le piédestal de laquelle ces mots sont gravés en lettres d'or : *Ici le Cœur de Jésus règne ! Il commande ! Il gouverne ! Il triomphe !*

Depuis 1853, date de la fondation, une nombreuse jeunesse s'est succédé dans cet asile béni dont le Cœur de Jésus est lui-même l'âme et le chef.

Le divin Maître voulut bien un jour inspirer à son serviteur, le vénérable curé d'Ars, une parole qui est regardée par les enfants de Belle-Croix comme un signe des prédilections du divin Cœur pour leur cher pensionnat.

Le lecteur nous permettra cette courte digression. C'était en 1857. Mme de P., grande et noble chrétienne du Charollais, s'était rendue à Ars pour consulter l'homme de Dieu sur différents points concernant le bien de sa famille. Elle demandait, entre autres avis, quelle maison convenait le mieux pour l'éducation d'une enfant bien-aimée dont elle devait se séparer : « Belle-Croix ! mettez-la à Belle-Croix, s'écria le saint prêtre avec conviction ; je *sais* que Notre-Seigneur aime ce pensionnat, et qu'il y est aimé. » Comment le savait-il, ne connaissant ni les lieux, ni les personnes, très problablement n'en ayant jamais entendu parler ?... Dieu n'a pas de secrets pour ses amis !...

Antoinette avait douze ans lorsqu'elle entra avec Marie, sa sœur aînée, dans cette maison où son passage devait laisser des traces si profondes et si embaumées. On était au mois d'avril 1887. Depuis quelques jours seulement, l'enfant connaissait la décision de ses parents, et son cœur s'était brisé en songeant à la séparation : « Mon Père, écrivit-elle au confident de ses petits comme de ses grands chagrins, quitter papa, maman, c'est impossible ; jamais je ne pourrai vivre loin d'eux. » — « Oui, c'est un dur sacrifice pour votre bon cœur, lui répond le saint religieux, je me souviens que je le sentais comme vous. Mais puisqu'il le faut pour le bien de ma fille Antoinette, je me réjouis que papa et maman aient choisi le Sacré-Cœur ; je vous assure d'avance que vous y vivrez heureuse, très heureuse. » Plus tard nous entendrons notre chère enfant apprécier, avec toute son âme, la grâce de son éducation. Elle en remerciera Dieu souvent ; mais, au seuil de sa vie nouvelle, cette grâce fut peu goûtée. Seuls les déchirements de l'adieu se firent sentir.

Il fallut la tendre et maternelle bonté de ses maîtresses, l'accueil cordial de ses compagnes, leur joyeux entrain, pour sécher ses larmes et dilater son cœur. Dans cette pure et chaude atmosphère d'affection, l'épanouissement de la petite fleur transplantée ne se fit pas attendre, et le parfum de sa candeur lui gagna bientôt toutes les sympathies.

Dès la première heure, Antoinette s'enquit avec soin des récompenses auxquelles sa jeune ambition pouvait prétendre : « Je veux tout avoir, » disait-elle. Elle se heurta cependant devant l'inflexible rigidité d'un règlement qui tendait à réprimer les saillies de sa nature vive et indépendante. Obéir lui coûtait, encore plus que dans la famille ; accepter des reproches révoltait son orgueil ; se vaincre et s'assujettir à la discipline, à la règle du silence, lui semblait presque impossible ; mais elle essaye avec courage et, après quelques jours, la petite pensionnaire écrit à ses parents :

« Je suis tout habituée ; j'ai été faire une visite à
« Mme M. (la Maîtresse générale) ; elle est la bonté
« même et déjà me connaît de fond en comble, aussi elle
« me dit bien ce qui pèche et je peux mieux voir ce qu'il

« faut faire. J'ai souvent la langue trop bien pendue. Ce
« matin, voici comment je lui ai parlé « : Langue, ma
« chère amie, tu resteras chez toi quand je voudrai ; si tu
« désobéis, gare à toi ! » Après une pareille injonction,
« j'espère qu'elle me laissera tranquille. »

Hélas ! la pauvre enfant dut se convaincre bientôt que
l'ennemi, quel qu'il soit, ne lâche pas prise si facilement !
Un mois après, elle écrit : « Je suis toute découragée ; je n'ai
« jamais tant souffert du mal du pays. Figurez-vous que
« je n'ai pas mon très bien de   agesse, parce que j'ai
« manqué au silence et que j'ai eu des inégalités de carac-
« tère ; je ne serai pas admise dans la Congrégation de
« Saint-Louis de Gonzague. Je suis toute à l'envers, et
« Marie qui me fait des sermons toute la journée ! En classe,
« les choses vont parfaitement ; c'est cette tête d'Auver-
« gnate et cette vilaine langue qui me font si souvent
« faire des sottises. »

Vers la même époque, à la suite d'une semaine de pleine
émancipation, Antoinette reçut à la conférence du Dimanche la note *assez bien*. Le mot semblerait l'équivalent d'un
témoignage de satisfaction médiocre, bien que réelle ;
mais dans le gouvernement très maternel des religieuses
du Sacré-Cœur, sa signification est un peu altérée.
Le *très bien* est la note presque générale, méritée par la
sagesse des enfants ; le *bien* cache déjà un blâme discret,
portant sur de légères infractions ; l'*assez bien* l'accentue
fortement ; la note *mal*, ou le silence absolu, appelé *zéro-
note*, sont de rares punitions, infligées seulement pour une

faute sérieuse contre le respect dû à l'autorité, ou l'obéissance au règlement.

Les nouvelles arrivées au pensionnat sont très vite instruites de ces petites nuances d'appréciation.

Antoinette, connaissant la valeur de sa note, s'irrita fort de ce qu'elle jugeait trop sévère : « On en verra bien d'autres, » dit-elle avec colère. A une de ses maîtresses, qui cherchait à la convaincre de ses torts, et voulait obtenir une promesse de sagesse : « Non, non, répondit-elle en serrant les poings, tête d'Auvergnate ne cède jamais. » Une de ses compagnes s'approcha de la petite révoltée ; par d'affectueuses paroles, elle essaya de la calmer, mais elle n'obtint d'autre réponse que ces mots de menace : « Oui, oui, on en verra bien d'autres. »

On en vit en effet ; pourtant le souvenir des édifiantes réparations qui suivaient les fautes a laissé dans toutes les mémoires un tel parfum d'humilité que l'on est tenté de dire : *Felix culpa !* Ce jour-là, par exemple, en quittant l'exercice des Notes, les élèves se rendirent à la chapelle, et de là au cours de récréation. Allusion fut faite au malencontreux assez bien : « Certes je l'ai mérité, « répondit humblement Antoinette, Notre-Seigneur m'a « donné la lumière, et je regrette beaucoup de m'être mise « en colère. » Puis, s'approchant d'une de ses compagnes, témoin plus direct de sa faute, elle lui dit : « Si j'ai pu « vous donner le mauvais exemple, je vous en demande « bien pardon. » Quel simple et loyal courage dans une enfant de douze ans !

A quelques jours de là, une nouvelle scène avait pour théâtre les allées du jardin. Les élèves jouaient aux drapeaux et, dans l'ardeur de la lutte, l'une d'elles interpella vivement Antoinette, lui lançant l'injurieuse épithète de *tricheuse*. Il n'en fallait pas plus pour allumer la foudre. Prompte comme l'éclair, notre petite joueuse promène autour d'elle un regard qui promet la vengeance ; trop loin de son adversaire pour en venir aux mains, elle cherche un projectile capable de l'atteindre, saisit un arrosoir qui se trouvait là, et court de toutes ses forces vers celle qui l'avait attaquée, pour lui déverser les flots de sa colère. Heureusement la douche fut esquivée, et la dernière goutte d'eau n'était pas à terre que, toute confuse de sa faute, Antoinette demandait pardon. On le voit, l'enfant se montrait bien telle qu'elle était, aussi spontanée dans ses violences que dans les actes qui les désavouaient.

Les maîtresses ne s'effrayaient pas des défauts qu'elles constataient ; l'expérience leur avait appris quelles sont les ressources de ces caractères nommés difficiles, quand toute l'exubérance de la vie se jette du côté du ciel. Elles savaient que les défauts sont en nous des vides qu'une vertu doit combler, et, plus grand est le vide, plus grande doit être la vertu. Elles pouvaient sentir les rudes épines de la nature, mais d'avance ne prévoyait-on pas les fleurs célestes qui germeraient sur ces vigoureux rejetons, arrosés des eaux de la grâce, et sans cesse exposés aux rayons d'en-Haut ?

« Les enfants ne viennent pas à nous, disait un sage éduca-
« teur de la jeunesse (1), pour montrer combien ils sont sages,
« bons, dociles et studieux, mais pour être corrigés de leurs
« défauts et formés aux vertus contraires. » Voilà le champ
où s'exerce l'art de l'éducation, et c'est à ce laborieux travail que nous allons assister, nous édifiant des saintes violences que Dieu couronnera si vite des palmes de la victoire.

Dans un ingénieux parallèle entre le diamant et l'enfant,
Antoinette a montré cette transformation, s'opérant sous
la double action d'un effort personnel, et d'un secours
extérieur « qui s'appelle du doux nom de mère dans notre
cher Sacré-Cœur. »

« Le diamant en lui-même, écrivait-elle, est un *corps
simple*. Mais son berceau est la terre, et quand on l'arrache
aux entrailles du sol, il est comme enveloppé dans un
sable grossier qui cache la pierre précieuse, ne laisse voir
qu'un objet rude au toucher, désagréable à l'œil, et qui
semble sans valeur.

« L'enfant lui aussi est *simple :* par son âme, substance
spirituelle; par cette vertu candide que Notre-Seigneur a
louée dans l'Évangile et qu'il nous propose comme modèle.
Pourtant l'alliage impur des défauts apparaît vite dans les
belles petites âmes baptisées. C'est une ombre qui ternit
leur blancheur.

« Au diamant, comme à l'enfant, il faut un travail d'éli-
mination par lequel on écarte tout ce qui peut souiller

_____

(1) L'abbé de Lagarde, directeur du collège Saint-Stanislas.

l'éclat de cette pureté qui fait la beauté matérielle de la pierre précieuse, et la beauté suréminente de l'âme régénérée.

« Le diamant est le *plus dur de tous les corps*; il marque sur tous son action, et aucun n'a de prise sur lui; aussi, pour le polir, lui donner les facettes brillantes qu'il n'a pas naturellement, il faut recourir à sa propre poussière.

« L'enfant, si jeune qu'il soit, a dans sa volonté une grande force de résistance; mais combien il lui est avantageux de tourner cette force contre lui-même, c'est-à-dire contre sa mauvaise nature! Qu'il la pulvérise, si c'est possible : plus il se travaillera, plus sa transformation sera belle et complète.

« Pour achever de donner au diamant tout son prix, on lui fait subir durant de longues heures l'action d'un disque circulaire qui, par un mouvement rapide, use les dernières aspérités de la pierre qu'on lui présente. En même temps, quelques gouttes d'huile facilitent le travail, et lui donnent un fini qu'il n'aurait pas sans cette onction pénétrante.

« Quel sera-t-il pour l'enfant ce disque mystérieux qui accomplit de si charmants prodiges ?... C'est, je le crois, cette franchise simple et ronde qui montre les torts, les corrige, ne laisse rien passer, mais joint à la réprimande cet affectueux intérêt qui rend doux ce qui est rude par soi. Heureuses sommes-nous, enfants du Sacré-Cœur, d'avoir pour nous travailler et nous refaire des mains si maternelles et des cœurs si remplis de l'amour de Jésus ! Puissions-nous ne résister jamais à leur action !

« Le *diamant réfracte fortement la lumière* ; quand il la reçoit, il devient lui-même comme un foyer ; de là résulte ses admirables effets lorsque le travail lui a donné toutes les dispositions convenables.

« Notre âme d'enfant appelle aussi la lumière, non celle d'un jour factice, mais la lumière de Dieu. Soyons transparentes comme un pur cristal pour recevoir les rayons du Cœur de Jésus ; alors nous serons éclairées, embrasées et, nouveaux foyers d'amour, on viendra près de nous se réchauffer aux flammes divines.

« Enfin le *diamant est à l'abri des plus hautes températures* (connues jusque-là de la science humaine) ; il est incombustible, nul feu ne le dévore, si toutefois il se trouve à l'abri de l'air.

« Plus tard l'enfant ressentira la flamme des passions ; le monde allumera sous ses pas le brasier des plaisirs, mais son cœur pourra garder son intégrité parfaite s'il sait s'envelopper de la double armure de la prière et de la mortification.

« Oui, riches et beaux sont les diamants artistement travaillés, qui resplendissent aux feux de la terre !

« Plus belles et plus précieuses sont les âmes, divinement façonnées par le travail d'une éducation chrétienne. Dès ici-bas, elles brillent de l'éclat d'une sereine limpidité : c'est la vertu ! Dans les cieux, elles refléteront Celui qui est la splendeur de la lumière éternelle : ce sera la gloire. »

Nous n'avons pas abrégé cette citation, qui nous a semblé

être la théorie de ce que nous allons voir maintenant dans la plénitude de l'application. Deux voies se présentaient à nous pour étudier les fécondes années du pensionnat d'Antoinette : la suivre pas à pas, et la voir, de jour en jour, opérer l'œuvre de sa transformation. Cette histoire intime des luttes quotidiennes est magnifiquement écrite par la plume des anges ; pour la nôtre, nous avons craint les dangers de la monotonie. Un second moyen se présentait : faire une sorte de synthèse, ou vue d'ensemble, réunissant les principaux traits de cette époque laborieuse. Mais parcourir d'un bond cette carrière si belle, nous obligerait à laisser dans l'ombre quelques-unes de ces vertus modestes qui sont la perfection de l'enfance.

Or, voulant avant tout présenter un modèle accessible à la jeunesse, nous étudierons dans Antoinette les deux vertus maîtresses qui entraînent toutes les autres : la *piété* et le *travail*. S'il fallait dans une courte parole résumer le programme d'une élève parfaite, on pourrait dire : *Ora* et *labora*, *prière* et *labeur*, car ces deux mots, pris dans leur acception la plus large et la plus belle, indiquent toutes les puissances de la grâce, s'unissant aux forces de la nature pour concourir au même but. Cette force et cette puissance, l'enfant dont nous retraçons la vie sut admirablement les mettre en œuvre. Disons-le toutefois, le mot caractéristique qui la dépeint tout entière, c'est celui de la générosité. Qu'elle travaille ou qu'elle prie, qu'elle lutte ou qu'elle souffre, son élan est toujours le même. Elle bondit comme d'instinct vers ce qui est grand, fort et noble, aussi, pour donner au tableau toute sa ressemblance, nous essayerons de reproduire *l'enfant généreuse*, après avoir vu *l'enfant laborieuse* et *l'enfant pieuse*.

CHAPITRE II

L'ENFANT LABORIEUSE

Travailler est une loi, la première loi positive imposée à l'homme, et, comme toute loi véritable, elle tend à procurer le bien. Primitivement ce pouvait être un simple exercice de la puissance humaine, un jeu, un plaisir ; mais, après le péché, le travail a revêtu le signe austère du châtiment, de l'expiation, et son joug semble dur à porter. Pourtant la Justice qui l'impose n'exclut pas l'action de la divine Bonté, et Dieu nous offre par là le moyen de nous réhabiliter, de nous grandir et d'atteindre notre plein développement moral.

C'est en montrant le travail sous ce jour de la volonté divine, volonté paternelle et aimante, que l'on cherche au Sacré-Cœur à inculquer aux enfants le respect et l'amour du travail.

Vis-à-vis d'Antoinette la tâche était facile. Dieu lui avait donné une intelligence prompte et élevée, une mémoire heureuse, un jugement droit qui servait de frein à une brillante imagination. Au lieu de se reposer sur les riches facultés dont elle était douée, elle se mit avec cœur à les exploiter ; on peut le dire, jamais son ardeur ne se ralentit, car aux heures où la nature réclamait le repos, la grâce lui faisait dire avec énergie : En avant ! et *Vive labeur !*

L'émulation, ce noble instinct « qui porte vers ce qu'il y a de meilleur » (I Cor. xii, v. 31), avait une grande puissance d'action sur le caractère un peu belliqueux de notre chère enfant. Pour elle, le travail c'était la lutte, et la victoire devait toujours, croyait-elle, couronner ses efforts.

Heureusement, dès sa première année au pensionnat, un incident put la convaincre des dangers qui côtoyent le chemin du succès. Déçue dans ses espérances, à la suite d'une composition, Antoinette s'était vue classée au troisième rang au lieu du premier, qui d'ordinaire était le sien. Devant cet échec, un sentiment amer se glissa dans son cœur humilié : c'était la triste et sombre jalousie qui tentait son premier assaut. Qu'allait-il advenir? Dans ses émules, allait-elle voir désormais des rivales? Les traiterait-elle autrement que par le passé? Sa résolution fut bientôt prise. A peine la classe était-elle terminée, l'enfant se précipite chez la Maîtresse générale. Elle frappe, ouvre brusquement la porte, et, toute rougissante, elle laisse tomber son aveu : « Ma Mère, je suis jalouse ! » L'ennemi était vaincu, et pour jamais, par les armes loyales de la franchise.

En effet, à dater de ce moment, si tous les efforts de la laborieuse enfant tendaient, comme elle le disait, « *à la faire passer à l'ordre du jour,* » nulle ne sut mieux accepter l'insuccès, et féliciter sincèrement celle de ses compagnes qui remportait sur elle quelque avantage.

La vénérable Mère Barat, en traçant d'une main maîtresse le programme de l'éducation du Sacré-Cœur, veut qu'avant tout ses filles cherchent à mettre Dieu dans l'intelligence et le cœur de leurs enfants. Ce désir d'une grande âme et d'un esprit si élevé, est admirablement suivi dans le *Plan d'études*. Depuis les petites classes jusqu'à celle qui couronne une forte et complète instruction, tout converge à ce but : éclairer l'intelligence au sens divin ; affermir le cœur, et le rendre capable de se gouverner dans le bien et la vérité. Antoinette devait parfaitement saisir la beauté de ce programme.

L'étude de la religion avait toutes ses préférences ; elle y apportait une application pleine de foi, de respect et d'amour ; on sentait que cette science divine était pour son âme l'*Un nécessaire*, auquel elle eût volontiers sacrifié tout le reste. Qu'importe, en effet, que l'esprit soit orné de mille connaissances vaines et éphémères, s'il ignore cette science ayant seule un objet éternel ! Rien n'est négligé au Sacré Cœur pour donner aux enfants une solide instruction religieuse, fondement sur lequel doivent reposer les principes et les habitudes de la vie. Les pratiques de la piété ne sauraient tenir contre les entraînements du monde, ni contre les faiblesses du cœur, si la volonté ne trouve pas un point d'appui solide, dans les convictions profondes de l'esprit. Ce ne sont pas des théologiennes que l'on cherche à former, mais des chrétiennes éclairées, connaissant leur religion, et vivant dans les splendides clartés de la foi ; on les met à même également de réfuter, si elles le doivent, les arguments de l'ignorance, d'éclairer les doutes ; en un mot, de remplir, dans toute sa beauté, le rôle apostolique que l'âme ardente de notre chère enfant ambitionnait déjà.

Sa foi n'excluait pas, des études profanes, le nom et la pensée de Dieu ; dans l'histoire, par exemple, une de ses maîtresses nous écrit : « J'ai sous les yeux le travail com« plet d'Antoinette durant trois années, et en feuilletant « page à page ces rédactions si bien rendues, je souligne « sans cesse le nom de Dieu ; et les réflexions sur les « événements qui se déroulent, tendent toujours à remon« ter des effets à la cause première et divine : Dieu ! » Cette philosophie chrétienne de l'histoire peut provenir, il est vrai, de la méthode d'enseignement. À ce titre, nous ne pouvons en faire un mérite personnel à l'enfant ; mais combien d'esprits superficiels laissent tomber, sans les relever, des paroles ayant pour but d'ouvrir à l'âme de plus larges horizons ! Combien sont assez peu judicieux pour s'attacher à des détails puérils ou plaisants, tandis que les grandes leçons morales de l'histoire passent inaperçues !

Le siècle où nous vivons devient de plus en plus exigeant, en ce qui concerne l'instruction. Le règlement du Sacré-

Cœur a dû prémunir les élèves contre cette prétention à tout connaître, et surtout à étaler le peu que l'on connaît ; mais, d'autre part, pour accomplir son mandat, la femme chrétienne doit unir le savoir à la modestie.

Rien de ce qui peut contribuer à former le jugement, à étendre les idées, à développer les bons sentiments n'est laissé dans l'ombre, et, si les élèves du Sacré-Cœur profitent des leçons qui leur sont données, elles pourront, comme nombre de leurs devancières, rendre leur société plus aimable, leur vertu plus attrayante, et gagner par là des âmes à Dieu.

Revenons à notre chère Antoinette. Bien que l'équilibre de ses facultés la rendît également apte aux différentes branches de l'instruction, cependant la délicatesse de ses sentiments, la vivacité de son imagination, cet instinct du beau, qui la guidaient en toutes choses, l'inclinaient de préférence vers le travail littéraire, et donnaient lieu à des pages charmantes où, sans le vouloir, sa plume traduisait son âme. Malheureusement peu de ces pages ont été conservées, mais les deux compositions qui nous restent suffiront pour prouver une fois de plus la vérité de cette parole : Le style, c'est l'homme !

Montrer les forces de l'énergie et la puissance de la douceur dans la femme chrétienne, tel fut un jour le sujet donné, comme devoir, à Antoinette et à ses jeunes émules. Voici comment il fut traité par cette enfant de 15 ans :

« Dieu veut que la femme soit ici-bas *ange* et *apôtre :*
« ange pour rappeler le ciel, pour pacifier les âmes et les

« élever doucement au-dessus de la terre ; *apôtre*, pour tout
« souffrir et pour gagner des cœurs... *Ange* par la puis-
« sance de la douceur ; *apôtre* par les forces de l'énergie,
« voilà ce qui constitue la femme chrétienne ; elle est du
« monde, mais elle vit plus haut que le monde ; elle se cache,
« mais elle attire, et se fait toute à tous pour conquérir les
« âmes et les donner à Dieu. A l'homme, les guerres san-
« glantes où se signale la valeur, à l'homme les champs
« de bataille, les actions d'éclat et les trophées de la gloire !
« La femme n'est pas appelée à jouer un rôle si apparent,
« mais elle est militante elle aussi ; son bras doit lutter et
« son cœur est sûr de vaincre, s'il a pour lui la *force* de
« *l'énergie* et la *puissance* de la *douceur*. Oh ! qui nous
« donnera ces armes toujours triomphantes ? Quel est le
« secret qui communique à un être faible et fragile ce cou-
« rage calme et indomptable, qui a caractérisé les Agnès,
« les Cécile, et tant d'autres ? C'est l'amour ! l'amour
« divin ! L'amour est fort, l'amour est patient ! L'amour
« est le ressort des âmes ; l'amour fait *l'ange* et il fait
« *l'apôtre* ! ...

  « Et maintenant, cherchons un modèle qui nous cap-
« tive et nous entraîne..... Cherchons à travers les temps
« et les âges ; interrogeons les profondeurs du passé, ou
« plutôt, échappons à la terre : *Sursum ! Sursum !* Le modèle
« et l'idéal de la force et de la douceur, c'est Marie
« Immaculée, la Femme forte par excellence, la Vierge très
« pure et très douce, qui nous redit par les exemples de sa
« vie : « Soyez un *ange* et soyez un *apôtre* ! »

« *Virgo dulcis, Virgo amabilis!* Au Temple, à Naza-
« reth, sur les chemins de l'exil, Marie, comme Jésus,
« passe en faisant le bien ; elle parle peu, elle ne s'impose
« pas, et pourtant quelle n'est pas la puissance de sa dou-
« ceur ! Quel cœur, ô Marie, put jamais vous résister? Oui,
« chantez votre *Magnificat*, ô *Virgo dulcis*, car vous régnez
« par la douceur, et les générations sans fin vous
« proclament Bienheureuse !

« Au chant sublime du *Magnificat* succèdent les notes
« graves du *Stabat Mater dolorosa!*... Ce cantique de la
« douleur est encore un hymne de victoire ; vous
« triomphez, ô Mère, sur le sommet du Golgotha, et
« l'amour, plus fort que la mort, met sur votre front
« la couronne du martyre et la suprême auréole de la
« Maternité divine. Quelle leçon pour nous, vos enfants !
« Ah ! que votre force soit notre force, et, s'il faut un jour
« gravir le Calvaire, que la Croix nous trouve debout !
« Debout pour agir, debout pour souffrir, debout pour
« mourir!.... »

C'est à regret que nous arrêtons la citation de ces
pages vibrantes. Détachons cependant encore quelques
pensées d'une composition littéraire qui avait pour titre:
Homo viator! Antoinette y laisse paraître la note, un peu
triste peut-être, d'une âme désabusée déjà des choses de
la terre; mais on y trouve une élévation de pensées, un
charme de style qui se rencontrent rarement sous une
plume encore peu exercée:

« *Homo viator!* Est-il un cœur qui ne se sente ici-bas

« sur une terre d'exil? Est-il une âme qui trouve son
« rassasiement dans les choses qui passent et qui n'aspire
« à l'éternel bonheur d'un avenir sans fin? O créature
« d'un jour, serais-tu assez insensée pour croire que la vie
« présente est ta destinée? Et pourtant, combien peu
« considèrent la vie à sa juste valeur ! combien l'entre-
« voient comme un sourire entre deux insondables
« mystères : le berceau et la tombe! Ils ne songent qu'à
« cueillir des fleurs éphémères et ils prétendent éviter
« les épines… Mais le chrétien, le vrai chrétien, est-ce ainsi
« qu'il doit considérer la vie? Pour lui, la vie est un exil,
« un pèlerinage, une course rapide, et à chaque instant il
« peut se dire avec vérité : Je parcours aujourd'hui un che-
« min où je ne repasserai pas… Oui, et le chemin est court,
« la vie passe et s'évanouit comme un rêve; son aurore et
« son couchant se touchent; parfois elle se lève comme
« un riant matin et nous promet mille espérances, mais
« combien de nuages viennent bientôt assombrir cet
« horizon un instant si pur et si plein de charmes ! Ah !
« qu'il le dise le cœur qui a déjà souffert, qui a senti
« l'amertume des vides et des séparations, le cœur enfin
« qui parfois s'est senti abattu sous le poids et l'ennui de
« la vie ! Oh ! comme il nous convient ce nom d'exilé,
« de voyageur… Notre cœur est plus grand que la terre,
« ses aspirations le soulèvent et l'entraînent au-dessus
« du fini; il cherche à percevoir ici-bas une lumière qui
« soit un rayon de la patrie, une note du ciel qui ravisse
« son âme; mais la lutte et la souffrance viennent nous

« dire que la vie est leur temps et que la félicité n'habite
« que les rivages éternels. Brisons donc les chaînes qui
« voudraient nous tenir attachés à la terre... que notre cœur
« prenne courage, qu'il puise sa joie dans le sacrifice,
« en attendant ce Ciel, qui seul peut nous donner le
« bonheur, car là seulement nous pourrons satisfaire notre
« immense besoin d'aimer, d'être comblés, rassasiés par
« l'Infini, l'Immuable, le Divin. »

Ce n'est pas sans émotion que l'on relisait ces pages à
Belle-Croix, lorsque, deux ans après, presque date pour
date, l'angélique enfant passait de la voie à la vie.

L'attitude d'Antoinette, pendant les classes, fut remar-
quée par toutes ses maîtresses ; on était inspiré par cette
physionomie parlante, où se lisaient toutes les impressions d'une âme ardente et pure. Son regard si droit, ses
questions si judicieuses, son silence lui-même, tout en elle
révélait une intelligence avide de vérité, mais surtout un
cœur épris du beau et facile à enthousiasmer. En grandis-
sant, cette facilité d'enthousiasme aurait pu devenir un
danger ; mais nulle n'acceptait plus volontiers le frein de la
sagesse, et jamais elle ne s'opiniâtrait dans une exaltation
peu justifiée.

Un jour, après le récit d'un fait où Antoinette avait cru
reconnaître toutes les marques d'un véritable héroïsme,
la chère enfant exprima avec chaleur ses sentiments
d'admiration :

« C'est beau ! c'est beau ! s'écriait-elle. » On dut lui faire
remarquer que le principe de l'acte ne répondait pas aux

apparences, et que l'action qu'elle louait méritait un sérieux correctif : « Il y a donc toujours des ombres sur la terre, reprit tristement Antoinette. Ah ! vive le Ciel ! là du moins tout sera beau, tout sera pur. »

Ce souvenir du Ciel est comme le point culminant des pensées de cette jeune âme ; nous le verrons poindre au-dessus de tout, et à propos de tout. Le Ciel est bien réelle-ment la patrie de son cœur, et elle semble déjà pressentir qu'il est proche. Tout ce qui, de près ou de loin, la ramène à ce grand sujet, gagne immédiatement ses sympathies ; c'est ainsi qu'étudiant en philosophie le problème de nos des-tinées, son esprit fut vivement impressionné. Ses compagnes se souviennent encore de la charmante habileté dont elle usa souvent pour ramener sur ce point les entretiens sérieux de la classe.

Du reste, rien de communicatif comme l'intérêt plein d'entrain qu'elle apportait à tous les genres d'étude ; il suf-fisait de sa présence pour donner vie et mouvement à tous les groupes d'enfants dont elle faisait partie. Elle avait, sans que personne songeât à le lui contester, le premier rang parmi ses compagnes, et se servait de son ascendant pour faciliter la tâche de celle qui enseignait. Sans tenir aucun compte des difficultés plus grandes qu'elle trouvait dans son caractère entier et absolu, elle entrait pleinement dans la pensée de ses maîtresses, et toute parole de l'auto-rité faisait empreinte dans son âme. Cette simplicité con-fiante, jointe à une ardeur expansive, était un des grands charmes de cette nature d'élite.

Son esprit de foi était l'âme de son travail, aussi son application était-elle soutenue, et, on peut le dire, elle a réalisé ce plan que sa main traçait un jour : « Pour la « gloire de Dieu et le bien des âmes, je veux m'exploiter « le plus possible, afin de me développer, de me former « au point de vue intellectuel comme au point de vue « moral. »

CHAPITRE III

L'ENFANT PIEUSE

« La piété est utile à tout, » nous dit l'Apôtre. Moteur et ressort de la vie chrétienne, elle est la base nécessaire de l'éducation. L'enfant qui s'élève dans la piété a plus de lumière dans l'intelligence, plus de force dans la volonté, plus de délicatesse exquise dans son cœur et de rectitude dans les actes. Nous l'avons déjà vu, l'Esprit-Saint s'était plu à répandre dans l'âme d'Antoinette toutes les effusions de ce don de piété, qui met le Ciel à la portée du cœur. Accessible à ces réalités surnaturelles, l'enfant, dès son bas âge, avait pour ainsi dire noué des relations divines et habituelles avec Jésus et Marie. Au Sacré-Cœur, tout devait favoriser le développement de ces premières et heureuses dispositions.

Le triple cachet de sa piété fut d'être *fervente*, *pratique* et *apostolique* ; il suffit pour s'en convaincre d'ouvrir ses notes spirituelles. Presque à chaque page nous retrouvons, comme sceau de bonne marque, ces trois mots qui disent tout à son âme : *Jésus et Marie ! Le sacrifice ! Les âmes !*

Jésus, de quel amour elle l'aimait ! « C'est la vie de ma « vie, dit-elle, dans son Cœur je verse le mien tout entier ; « j'attends tout de lui. Il est pour moi l'Ami incomparable, « l'Ami toujours présent, l'Ami unique, et jusqu'au bout « de mes forces, je veux l'aimer de plus en plus, « m'attacher à lui sans partage et sans réserve. » — « Ah ! « oui, mon Jésus, je veux vous aimer et vous faire aimer « et, par une belle couronne d'amour, transformer les « épines qui entourent votre Cœur. » — « Régnez, ô mon « divin Roi, établissez-vous en maître absolu dans mon « âme, dirigez ses ardeurs vers vous seul, et que votre « amour soit une flamme qui me dévore tout entière. »

Un cœur si ardent devait connaître cette souffrance des saints que l'on nomme le tourment de l'amour : aimer, et sentir si vite les bornes de sa puissance ; aimer, et ne pouvoir se lier indissolublement à l'objet de son amour ; aimer et craindre toujours de déplaire au Maître, à l'Ami que l'on veut contenter... oh ! quelle source d'angoisses et de saintes douleurs ! Antoinette les éprouva vivement, et c'est ce qui excitait davantage encore son désir du Ciel.

« *Où l'on aime et jamais on n'offense.* Emmenez-moi, ô « Jésus ; là-haut au moins je pourrai aimer, là-haut je « vivrai pure, et rien, rien ne me séparera plus de vous. « O mon Dieu, hâtez ce jour mille fois heureux, mille fois « désiré où, entre Jésus et Marie, je serai à jamais fixée dans « la patrie de l'amour. »

Le Tabernacle apaisait un peu ces célestes désirs; près
de ce ciel de la terre, la pieuse enfant semblait oublier
toutes les choses d'ici-bas. « Nous aimions à la regarder,
« disent ses compagnes, elle était vraiment pour nous la
« personnification de la ferveur. » Quelle attitude recueillie
dans la prière! Quelle âme dans cette voix qui chantait
les louanges de Dieu! Quelles adorations surtout dans ce
cœur qui venait de recevoir Jésus!

Affamée du Pain céleste, Antoinette revient souvent,
dans ses notes de retraite, sur ce titre de *Panis Angelo-
rum,* qui lui rappelait la pureté parfaite vers laquelle elle
tendait pour plaire davantage à l'Ami des cœurs purs.
Préparer ses communions, les prolonger au cours de sa
journée par l'intimité avec l'Hôte du matin, c'était vraiment le but de sa vie, la raison de ses sacrifices, et le
centre vers lequel actes et prières convergeaient sans
cesse. « L'Eucharistie, aimait-elle à dire, c'est la vie et le
« bonheur d'ici-bas. »

Puis, comme une enfant qui veut tout devoir à sa
Mère, elle faisait remonter vers Marie ce don qui ravissait
son âme : « Oui, Jésus nous a donné l'Eucharistie, et
« Marie nous a donné Jésus. »

La tendresse filiale d'Antoinette pour la Vierge immaculée date de ses premières années; mais, sous le regard
de la Mère Admirable, son amour grandit et se développe.
Bientôt elle écrira : « Je deviens folle de la sainte Vierge,
« elle est mon idée fixe. Tout par Elle, tout avec Elle.....
« Ensemble, ô ma Mère, jetons les filets, ensemble travail-

« lons ; puis faites jouir Jésus tout seul des fruits de
« notre peine. »

Une pieuse gravure, placée sous son regard, aux heures
de travail, recevait l'hommage de ses œuvres, et un sourire de tendresse lui disait de temps à autre : Ma Mère,
je vous aime ! Ma Mère, bénissez-moi.

Cette bénédiction maternelle, Antoinette aimait à la
demander fréquemment. Dans les moments de lutte ou
de difficultés, on la voyait se diriger vers le sanctuaire de
Mater Admirabilis, et, prosternée aux pieds de la Vierge
puissante, elle réclamait le secours et se relevait plus forte
et plus généreuse.

C'était là qu'elle aimait à passer le temps de ses retraites,
la parole divine lui semblait alors tomber des lèvres mêmes
de sa Mère du Ciel. « C'est vous, ô Marie, écrit-elle, qui
« me dites aujourd'hui : Tu n'es pas créée pour les choses
« de la terre, mais pour celles du Ciel : donc ne cherche
« pas à être connue et aimée du monde, ton partage c'est
« Dieu ; aime-le, et montre-toi à lui telle que tu es. »

Un autre jour, envisageant les périls et les tristesses
de l'avenir, son cœur jette vers Marie ce cri d'alarme :
« Vous êtes, ô ma Mère, toute mon espérance ; quand
« ma frêle petite barque sera ballottée par l'orage et la
« tempête ; quand mon pauvre cœur sera meurtri et blessé
« dans ses plus chères affections, vous serez mon étoile
« pour me guider vers le port, et ma consolatrice dans
« la tristesse. Vous le savez, il est de secrètes douleurs,
« des chagrins intimes que l'on n'ose même pas confier à

« l'oreille d'une mère ; mais toujours vous serez ma
« grande confidente, j'espère et j'attends tout de vous. O
« Mère, aimez, aidez votre pauvre enfant ! »

La dévotion fervente se nourrit dans la prière, et se
fortifie par les actes. Antoinette s'était donc imposé de
pieuses pratiques pour honorer Marie, et jamais elle n'eût
voulu y manquer jusqu'à ses derniers jours. Sa fidélité
n'était cependant ni scrupule, ni routine, c'était le besoin
de l'amour qui cherche à se prouver. Le Chapelet surtout
fut sa prière favorite, elle le récitait pieusement, et bien
que cette récitation se fît en commun, on sentait que
l'enfant était seule avec sa Mère du Ciel ; ses mains
jointes, ses yeux baissés rappelaient la *Virgo modestis-
sima,* dont elle voulait copier l'admirable pureté, et ce
reflet extérieur qui se nomme la modestie.

Parmi les autres prières à Marie, le *Souvenez-vous* était
le cri de sa confiance, et quand elle le disait à haute voix,
elle accentuait le mot *jamais,* avec une force qui prouvait
sa filiale conviction. Oui, *jamais elle ne fut invoquée en
vain* par Antoinette, car c'était toujours l'appel d'un enfant
allant droit au cœur de sa mère : *Memento, Mater mea,*
aimait-elle à lui répéter, et ces trois mots étaient toujours
devant ses yeux. Une de ses amies l'ayant questionnée à ce
sujet, elle répondit : « C'est une convention entre la sainte
« Vierge et moi : *Memento,* nous nous souvenons l'une de
« l'autre : elle, que je suis son enfant ; moi, qu'elle est ma
« Mère. Oui, *Mater mea ;* ce souvenir fait tant de bien !.. »

On l'a dit souvent : c'est le privilège de Celle qu'on nomme le lis de la vallée d'attirer par ses parfums tous les lis de la terre; et l'éclat de sa céleste blancheur se reflète alors sur ces âmes qui forment le jardin fermé, parterre choisi de la sainte Église. Antoinette était bien de ces fleurs privilégiées dans lesquelles Marie retrouve sa pure image; mais, jalouse de garder son trésor intact, avide de lui donner un éclat toujours plus beau, on la voit, dans ses notes intimes, s'exciter à éviter non seulement les fautes, mais les imperfections. Des invocations suppliantes se retrouvent sans cesse sous sa plume : « O Vierge, conservez mon « innocence!... Faites-moi pure pour le regard de Jésus !... « Soyez la gardienne de mon lis... Ne permettez pas que « la moindre poussière le souille ; et faites qu'à mon dernier « jour il puisse, par vos mains, être offert sans tache à « mon Jésus, *seul cherché, seul désiré et uniquement aimé.* »

Tous ces sentiments se retrouvent dans la consécration d'adieu qu'elle composa à la veille de quitter le cher sanctuaire de Belle-Croix. Il est d'usage pour les Enfants de Marie de cette maison de se séparer, comme les premiers chrétiens, au pied de l'autel. Après avoir assisté ensemble au divin Sacrifice et reçu le Pain des forts, comme le viatique de leur vie nouvelle, voilées de blanc, le front ceint des roses blanches de leur première Communion, elles viennent remettre leur couronne comme un dépôt sacré entre les mains de la Mère Admirable.

Le touchant cantique du départ proteste alors de la fidélité de toutes au *rendez-vous du Ciel,* et place l'avenir sous la sauvegarde du Cœur immaculé de Marie.

Nous recourons à Toi, patronne de l'enfance,
Nous cherchons un abri dans ton Cœur maternel.
Veille sur tes enfants, toujours sois leur défense,
Que pas une ne manque *au rendez-vous du Ciel.*

En 1892, après la Messe des adieux, Antoinette prononça, au nom de ses compagnes, une consécration qui est restée depuis la formule en usage : « O Vierge immaculée, au « moment de partir, avant de quitter ce sanctuaire béni, où « tant de fois nous sommes venues vous prier à genoux ; « cet autel à l'ombre duquel nous avons reçu la médaille « bien-aimée qui restera la force et la consolation de notre « vie ; ô Mère, laissez-nous confier à votre Cœur notre « couronne, en vous suppliant de nous la garder pour « l'éternité. Nous vous promettons, ô Marie, d'être toujours « fidèles à nos engagements sacrés, de savoir, pour « Jésus, et lutter et souffrir. Mais nous sommes bien faibles, « nous avons besoin de votre main maternelle pour nous « conduire à travers les douleurs et les périls de la vie. « O Mère immaculée, veillez sur vos enfants ; soyez notre « soutien, notre force, notre victoire, gardez toujours pur « le lis de nos cœurs, afin que, lorsque sonnera l'heure du « suprême rendez-vous, votre main, ô Mère, nous cou- « ronne et nous réunisse pour l'éternité. »

Les tendres effusions de l'âme d'Antoinette ne suffisent pas pour prouver sa piété : le devoir accompli coûte que coûte, le don d'elle-même, le sacrifice, voilà le terme vers lequel sa volonté droite tendait sans cesse : « *Aimer*, c'est « *donner ; aimer, c'est souffrir,* dit-elle ; donc instant par

« instant, heure par heure, je veux m'appliquer à faire le
« bon plaisir de Jésus ; lui préparer des surprises, avoir
« de petites délicatesses pour son Cœur ; ne tenir aucun
« compte des fantaisies de ma nature, et me trouver très
« contente de pouvoir consoler Jésus, moi la plus petite,
« la plus misérable, la plus pécheresse des créatures. »

Le divin Maître devait sourire aux expressions si sincèrement humbles de son enfant. Cette humilité était
certainement un des fruits de sa piété ; sous le regard de
Dieu on apprend à se connaître soi-même. De cette connaissance intime naissait pour Antoinette une sorte de
mépris, que ses paroles jetaient à profusion sur tout ce
qu'elle avait dit ou fait : « C'est digne de moi, » disait-elle
simplement après une bévue, ou bien : « La maladresse,
« c'est mon métier »…. « Je réussis quand je me trompe, »
etc. etc. Inutile d'ajouter que l'aimable enfant se rendait
plus aimable encore, par ses joyeuses calomnies qu'elle
répétait avec une conviction sincère de son peu de mérite.

De sa piété naissaient encore les rapports simples, respectueux et filiaux qu'Antoinette apportait avec toutes ses
maîtresses. Son esprit de foi lui disait : L'autorité, c'est
Dieu ! Et toute sa ligne de conduite était tracée à cette
lumière divine : Contenter ses Mères, leur faire plaisir,
deviner leurs intentions, c'était un souci pour lequel la
délicatesse de son cœur et son énergie de volonté trouvaient toujours une solution. Parfois elle avait de ces traits
de naïveté qui ne peuvent naître que dans l'âme d'une
enfant sincèrement bonne : c'est ainsi qu'elle se regardait

comme presque chargée d'habituer ses nouvelles maîtresses lors de leur arrivée à Belle-Croix; elle priait pour qu'elles y fussent très heureuses, se préoccupait de l'impression qu'avait pu leur causer le pensionnat, ne ménageait rien pour que cette impression fût heureuse, et que la tâche des premiers jours fût facilitée.

En somme, aider l'autorité, la soutenir et la faire aimer, comme elle l'aimait elle-même, en vraie enfant du Sacré-Cœur : ce fut toujours son but, et ce but elle l'atteignit pleinement.

Mais si, pour toutes ses maîtresses, Antoinette avait un respect plein d'amour et une soumission parfaite, son cœur était débordant de confiance et de tendresse filiale pour la Maîtresse générale, qu'elle aimait à nommer son *Jésus visible*. Oui, c'était bien lui qu'elle cherchait dans ces rapports simples et [intimes où son âme se montrait tout entière, avec ses bons désirs, ses efforts, ses luttes et ses peines. Jamais la vérité qu'on lui faisait entendre ne paralysa son cœur, jamais la crainte ou la défiance n'eurent entrée dans cette âme, qui s'était largement ouverte, pour mieux recevoir la lumière d'une direction, précieuse dans la jeunesse. Elle adoptait sans réserve les avis qui lui étaient donnés, les suivait à la lettre, en rendait compte, et revenait souvent chercher le mot de Dieu, pour connaître son vouloir et l'accomplir plus allègrement. Du reste, pas de mesquine occupation d'elle-même; elle allait à sa Maîtresse générale comme l'enfant va à sa mère, tout était simple et filial, mais digne et surnaturel ; aussi quels fruits n'a-t-elle pas retirés de ce moyen de formation, dans lequel sa foi lui montrait Jésus lui-même, la travaillant et la façonnant au gré de son divin Cœur !

Nous laisserions dans l'ombre deux grands caractères de la piété d'Antoinette, si nous passions sous silence son amour pour les âmes et son esprit de réparation : « Les âmes ! s'écriait-elle bien jeune encore, ce mot « me remue tout entière ; mon attrait, c'est l'apostolat, « c'est le sacrifice, c'est le martyre, pour sauver des « âmes ! Que je serais donc heureuse de suivre mon père « sur les champs de bataille, si l'Église ou la France « l'appelaient à reprendre l'épée ! Oui, je serais heureuse « alors d'être une de ces admirables Sœurs de charité qui « pansent les blessés, les encouragent à bien mourir et « assurent leur salut !... Suivrai-je mon père, ou bien « traverserai-je les mers pour chercher, sur des plages « lointaines, des âmes à sauver ?.. Je ne le sais pas, ô « mon Dieu ; ce que je sais, c'est que mon ambition est « là ! Il me faudra beaucoup de courage, beaucoup « de générosité pour faire le sacrifice de ce que j'ai de « plus cher ; mais votre amour, ô Jésus, l'amour des « âmes, la pensée du ciel, m'inspireront la force « nécessaire. »

Chez elle, le sentiment appelait l'action, et sa piété, aussi forte que tendre, comprenait que le nom de Sauveur doit s'acheter au prix de la souffrance.

Un jour, sous l'impulsion d'une grâce qui la presse

d'aimer davantage, et de se livrer pour les âmes à l'immolation et au sacrifice, elle écrit : « Je suis toute à vous, ô
« mon bon Maître, et désormais rien ne me coûtera plus
« pour vous consoler, vous faire plaisir et vous donner
« des âmes... Et puisque l'amour se prouve par la croix,
« faites, ô Jésus, que je porte ma croix de chaque jour
« avec courage, zèle et générosité... O croix, je t'aime, je
« t'embrasse ; fais-moi souffrir pour expier, pour réparer,
« pour gagner des âmes et croître dans l'amour. »

Cette soif divine, Dieu se chargea de la désaltérer par
bien des souffrances intimes. En union avec Jésus,
Antoinette se fortifiait par la pensée du salut des âmes ;
c'était là sa meilleure consolation et sa force aux heures
de tristesse. Non contente d'accepter la part que le Sauveur lui faisait, la généreuse enfant savait s'imposer cette
suite de petits sacrifices qui passent inaperçus au regard
humain, mais qui sont, pour le ciel, un sujet d'admiration :
désirs naturels, empressements trop vifs, curiosité,
recherches personnelles, négligences dans la tenue et dans
l'accomplissement du devoir, tout était surveillé. Elle se
reprochait les premiers mouvements de nature, comme
une rapine à l'holocauste qui la livrait tout entière à
Jésus et aux âmes. Quel trésor de mérites dans ces actes
d'humble apparence que son amour, selon son désir, devait
« transformer en pièces d'or destinées à payer ses dettes,
« ou à servir de rançon aux pauvres pécheurs » !

La dévotion au Sacré Cœur était trop bien comprise
d'Antoinette pour que le culte de la réparation n'entrât pas

dans les éléments constitutifs de sa piété. Maintes et maintes fois, nous lisons dans ses notes : « Cœur de Jésus, je « veux vous consoler. Cœur de Jésus, je veux expier, répa- « rer, me faire votre petite Hostie, pour être à vous : Cœur « pour cœur, amour pour amour, sacrifice pour sacrifice ! « Envoyez-moi des occasions de souffrir pour essuyer vos « larmes ; je veux tout accepter, tout supporter joyeu- « sement pour vous dédommager des outrages des pé- « cheurs. »

Une de ses maîtresses a conservé le souvenir de la physionomie d'Antoinette durant les actes de réparation faits le premier vendredi du mois. « Le regard attaché sur la « divine Hostie, elle mettait toute son âme dans sa prière ; « vent des larmes silencieuses trahissaient la ferveur de « son amour, tandis que ses mains jointes, son immobilité « respectueuse lui donnaient l'attitude de ces anges « adorateurs dont on aime à voir l'image dans nos sanc- « tuaires. »

La vérité nous oblige à dire que la piété fervente de cette enfant ne fut qu'à de rares intervalles une piété consolée. Sans doute, à de certaines heures, Jésus lui fit sentir la force et la douceur de son amour. Il l'attirait puissamment et parlait à son âme : « Vous m'aimez, « lui dit-elle, je le sais. » Une fois seulement, elle écrit : « Je le *sens*. » La foi était donc le rocher bien ferme sur lequel s'appuyait sa dévotion ; mais, pour cette nature sensible, le roc était dur et froid, et le cœur d'Antoinette souffrait dans sa piété, comme il

souffrait en mille autres occasions. « Vous le voulez, ô
« Jésus, dit-elle avec résignation, tout me coûte, et vous
« me laissez seule en face de la difficulté... Je suis si
« mauvaise que je mérite bien que vous me délaissiez à
« jamais,... et alors je vis sans savoir où je suis, ni ce
« que je fais, et je ne fais rien de bon.... O bon Maître,
« ayez pitié de moi, je suis si malheureuse de ne pas vous
« aimer assez ! »

Que de fois la pauvre enfant vint aux pieds de sa
Maîtresse générale lui redire avec une douloureuse angoisse : « Je n'aime pas Notre-Seigneur. Et lui m'aime-
« t-il ?... Je ne fais rien pour lui ; il ne semble pas con-
« tent.... Oh ! que faire pour sortir de cet état ?... » Un
acte d'abandon lui était suggéré, et Antoinette se livrait
au Cœur de Jésus « comme un petit enfant qui ne sait
« rien dire, mais qui regarde et qui aime ».

« Être fervent, dit-elle, ce n'est pas parler, ce n'est pas
« sentir, c'est *vouloir*. » Or, quelle piété plus remplie
de vrai vouloir que celle de cette âme qui, *toujours et
malgré tout*, a su prier, lutter et souffrir ! « Jamais elle
« ne s'est arrêtée dans son élan, nous dit celle de ses
« Mères qui l'a le plus connue ; et quand tout concourait à
« lui créer des obstacles, elle redisait encore d'un cœur
« ému, mais d'une volonté ferme : *Je veux tout ce que
« veut Jésus, et je l'aime par-dessus toutes choses !*

CHAPITRE IV

L'ENFANT GÉNÉREUSE

L'amour qui donne, l'amour qui se donne, voilà le double horizon de la générosité, et voilà bien Antoinette tout entière. Petite enfant, on l'a vue s'efforcer de ne rien refuser au Jésus désiré de sa première Communion. Au pensionnat, ses premières difficultés révélèrent à la fois les dangers et les ressources de sa riche nature.

Nous aimons à recueillir le témoignage d'une maîtresse qui assista à ses débuts, et la suivit de près assez longtemps : « Pendant les quatre années où il m'a été donné de suivre « Antoinette, nous dit-elle, j'ai pu constater que cette enfant, « d'une excessive sensibilité joignait à un cœur d'or, un « caractère qui rendait dans les commencements sa forma- « tion difficile ; mais les progrès ne se firent pas attendre, « et, sous l'influence de la piété, surtout à dater de sa pre- « mière retraite, Jésus devint de plus en plus complètement « vainqueur. »

Ses compagnes ont gardé le souvenir des édifiants combats où la nature et la grâce luttaient au grand jour, car tout était ostensible dans cette âme transparente. Était-elle reprise par une de ses maîtresses? On voyait son front rougir, ses mains se crisper; craignant que la parole d'un premier mouvement ne fût pas ce qu'elle aurait dû être, elle se taisait, ou murmurait tout bas : « Je ne dirai rien... » Un instant après, les torts étaient reconnus, et Antoinette les réparait avec son humble générosité.

Prompte comme elle l'était, ses vivacités en récréation étaient fréquentes ; mais, à peine le mot avait-il atteint son but, qu'elle courait aussitôt mettre le baume sur la plaie par une parole pleine d'affection.

L'indépendance l'attirait, comme la liberté attire l'oiseau captif. Faire ce qui plaît, le faire comme il plaît, à l'heure où il plaît, eût été le programme naturel d'Antoinette. Son intelligence lui fit comprendre bien vite la nécessité de la discipline ; puis la foi lui montra l'expression de la volonté de Dieu dans chaque point du règlement, et dès lors elle fut décidée à obéir, à dépendre dans les plus petits détails. Que de fois ne l'a-t-on pas entendue dire en face d'un assujettissement : « Allons ! Jésus le veut... Je le veux... » Et plus souvent encore : « Il lui plaît... Soit, il me plaît aussi. » D'autres fois cependant, elle partait comme une flèche pour aller ici ou là, sans l'autorisation voulue ; mais à peine la lumière se faisait-elle dans son esprit, on la voyait se frapper le front en se gourmandant : « O tête indépendante, encore un tour de ta façon ! » Et elle revenait sur ses pas accuser sa faute, et demander la permission dont elle avait voulu s'affranchir.

L'énergique enfant triompha sans retard de ces difficultés extérieures, qui la mettaient en dehors de la règle dès la fin de sa troisième classe, elle recevait, aux applaudissements unanimes de ses compagnes, le ruban de mérite ; deux ans après, le second et le premier médaillon de sagesse, qu'elle porta avec distinction jusqu'à la fin.

Être sage, c'était trop peu pour elle ; la vertu solide, faite d'amour, de fidélité, de renoncement, c'est ce qu'elle veut, et ce qu'elle poursuit les armes à la main, malgré les faiblesses, les surprises, et même les défaillances de la pauvre nature.

Dieu, qui avait de grands desseins de sainteté sur cette âme, et voulait la conduire en peu de jours au terme de la carrière, semble se hâter pour accomplir son ouvrage. Il présente à ses regards un idéal de vertu, vers lequel elle s'élance avec toutes les ardeurs d'un cœur jeune et pur ; mais, à mesure qu'elle avance, le but semble reculer, et la main divine, jetant un voile sur le terrain conquis, lui montre toujours le chemin à parcourir. Dans cette adorable manière de faire du divin Maître, il y aura, pour la chère enfant, mille occasions de luttes intimes et douloureuses ; le découragement l'assaillira sans cesse ; la tristesse, une sorte d'angoisse, s'empareront de son âme, et il faudra sa vaillance de cœur, son amour de Jésus et sa soumission confiante, pour lui faire surmonter ce qu'elle nommera « ses moments terribles ».

« *Vaincre* ou *mourir* », telle est la devise qu'elle adopte à sa première retraite au Sacré-Cœur, et jamais elle ne sortit des saints Exercices sans être plus fortement résolue au combat jusqu'à la mort, si bien que le vénéré Religieux qui l'assistera à son dernier jour pourra dire : « Ce n'est plus vaincre *ou* mourir, c'est vaincre *et* mourir ! » Ce mot, inspiré par la grâce de la retraite, prouvé jusqu'à quel point cette enfant de treize ans avait compris la nécessité de l'*agendo contra*, que saint Ignace inculque si fortement aux âmes qui veulent suivre le divin Roi.

Ses résolutions attestent également que la lumière d'en-Haut avait pénétré dans son cœur simple et droit : « O « Jésus, vous avez eu la bonté de me faire connaître et « détester mon défaut dominant ; je vous promets de combattre mon orgueil, mon amour-propre ; je veux, à tout « prix, acquérir l'humilité et, pour cela, je recevrai avec « bonheur les observations que me feront mes maîtresses, « les petites leçons que me donneront mes compagnes. « J'accepterai joyeusement toutes les humiliations.

« Mon cri de guerre sera : Jésus ! Marie ! Pour arme, j'ai « choisi la Croix ; pour maxime : *Vaincre ou mourir ;* « et je veux que la mort me trouve avec mon cri de guerre « sur les lèvres, mes armes à la main, et, dans mon cœur, « un chant de victoire et d'amour. »

La lutte est ouverte, le Maître a jeté le glaive dans cette âme d'enfant. D'une main généreuse, Antoinette le relève, et elle le manie avec tant de constance et d'énergie qu'elle ne tarde pas à reparaître transformée au

milieu de ses compagnes. « Je suis un vrai petit loup
« entre deux agneaux, » avait-elle dit souvent, par allusion
à ses deux sœurs. Or, le loup subissait une visible
métamorphose, et la douceur obligeante et gracieuse est
signalée, cette année-là, comme sa vertu caractéristique.
Une de ses maîtresses nous dit même qu'elle alla jusqu'à
recevoir avec reconnaissance, et sans la moindre excuse,
des reproches immérités. Ce sérieux travail se continua
jusqu'aux vacances, et ses parents purent constater
le progrès réel du caractère et de la vertu. Toutefois
ce n'étaient que les heureux débuts d'une âme généreuse.

Le mois d'octobre 1888 la ramenait à Belle-Croix,
plus résolue que jamais à se vaincre. A l'exemple de
saint Louis de Gonzague, dont elle était la fervente congré-
ganiste, son cœur et ses lèvres redisaient sans cesse le
Quid hoc ad æternitatem ? et cette pensée de foi lui
donnait du courage. Aussi ses efforts furent-ils récom-
pensés au beau jour de l'Immaculée Conception, par son
entrée dans la Congrégation des saints Anges. Si « l'âme
pure est sœur des anges », selon le mot de saint Grégoire
de Nazianze, Antoinette dut être accueillie fraternellement
par ces célestes protecteurs de l'innocence. En retour,
elle les honora d'un culte d'amour, de confiance et d'imitation ; ce qu'elle leur demandait surtout, c'était de la
soulever sur leurs ailes au-dessus des choses de la terre,
pour arriver jusqu'aux pieds de l'Immaculée, qu'elle
aspirait déjà à nommer sa Mère.

Sa retraite de 1889 lui fait prendre un élan définitif dans la voie des parfaits ; nous lisons, énergiquement souligné : « RIEN, RIEN *ne sert que ce qui fait gagner le* « *Ciel...* Courage, ô mon âme, il approche, ce beau « Ciel où l'on est avec Jésus et Marie. Y arriver ne me « suffit pas, je veux m'y faire une belle place ; devenir « une sainte, une grande sainte ; aujourd'hui c'est « décidé. » — « Non seulement je redouterai le péché « véniel comme un mal terrible, mais je fuirai les moin- « dres imperfections, ne faisant jamais de peine à Notre- « Seigneur qui est si bon, et, au contraire, m'effor- « çant d'avoir pour lui beaucoup de petites atten- « tions, cherchant toujours ce qui peut lui faire plai- « sir... »

« Il faut, dit-elle encore, que Jésus règne seul dans « mon cœur. Retire-toi, Satan, je te déteste de toute « mon âme ; laisse la place, je veux être seule avec mon « Jésus, toute seule. Soyez mon *tout*, ô Jésus, que près de « vous je trouve ceux que j'aime, la famille, les douceurs « du foyer, l'air natal, tout ce qui me manque, mais sur- « tout que je trouve votre amour... Vous seul, ô divin « Maître, savez combien j'ai besoin d'aimer et d'être « aimée ! Vous seul pouvez me consoler lorsque mon « cœur est en proie à la tristesse... Vous seul pouvez « me relever lorsque je suis tombée... O Jésus, Jésus, « vous, toujours vous ! A la vie, Jésus ! A la mort, Jésus ! « Au Ciel, Jésus ! Mais là haut plus de souffrance, et « sur la terre je puis souffrir pour lui... » Quelques

lignes plus loin : « Souffrir et communier, voilà mon
« vrai bonheur. »

A des sentiments si purs et si aimants, Jésus répond
par une grâce de vérité qui fait descendre Antoinette au
sein de sa misère, après l'avoir élevée dans les régions
de l'amour. Qu'elle est humble, sa confession : « O Jésus,
« personne sur la terre n'est si orgueilleuse que moi...
« Oui, je suis une orgueilleuse, une capricieuse, une
« misérable créature, dépourvue de toutes les vertus...
« Je ne suis pas douce, je ne suis pas patiente, je ne
« suis pas humble, je ne suis pas mortifiée, je ne suis pas
« charitable... Mon Dieu, comme vous devez peu
« m'aimer!... Heureusement qu'au milieu de tout cela
« je vous aime un peu ; sans cela je mourrais !... Mais je
« n'aime pas les croix, je n'aime pas les sacrifices, je ne
« suis pas généreuse.. — Pourtant, je *veux*, je *veux* vous
« aimer. Dès ce soir, mon bien-aimé Jésus, il me faut
« livrer un combat terrible à mes défauts, et faire d'une
« manière vraiment digne de vous tous les sacrifices que
« vous me demanderez. »

Ses résolutions s'inspirent de ces pensées ; mais on
sent que le Cœur de Jésus a pénétré cette âme de sa
divine onction ; sa volonté n'est plus raide et sèche comme
la barre de fer, le feu de l'amour lui communique une
trempe nouvelle, à la fois plus résistante et plus souple.
« Pour l'amour de Notre-Seigneur, dit-elle, je serai
« généreuse.... Je ferai *tout* par amour pour lui... Afin
« de plaire à son Cœur, je veux absolument devenir

« douce et humble... Jamais de repos dans la lutte
« contre moi-même. J'irai en avant, appuyée sur Jésus et
« Marie, qui me feront vaincre et triompher. Je les
« regarderai avant d'agir pour me demander comment
« ils auraient fait à ma place ? — Je ne céderai pas au
« découragement, et je me rappellerai « qu'*en se relevant*
« *humblement après une faute, on avance de toute la*
« *grandeur de sa chute.* »

Antoinette avait donc compris ce que la sage direction
du R. P. B. lui avait tracé comme ligne de conduite :
« Pas de contrainte, mon enfant, en aimant beaucoup
Jésus et Marie, vous avancerez plus que par la raideur
de volonté qui se brise, se lasse ou s'irrite. Exercez la
patience envers vous-même et traitez-vous doucement... »

Ce n'est pas avec une volonté moins forte, mais plus
sage qu'elle maintint durant toute cette année le *volo*
énergique et sérieux de la retraite.

Lorsque sonna l'heure des vacances, elle quitta le Sacré-
Cœur dans les mêmes dispositions, car, elle le savait, il
n'y a pas de halte pour qui veut parcourir le chemin de
la sainteté. Du reste, Antoinette n'était pas de ces élèves
qui entrevoient les jours de détente et de liberté comme
des jours d'affranchissement de tout devoir ; les vacances
n'étaient pas, à son point de vue, un temps où le plaisir
personnel devient l'unique règle, et où l'égoïsme flatté
grandit aux dépens du bonheur de la famille. Non, plus
haute et plus délicate était sa manière de voir. Aussi
comme elle prend soin d'écarter par avance les épines qui

pourraient blesser tant soit peu ceux auprès desquels elle va passer deux mois !

« Je veux, écrivait-elle, pendant ces vacances, tra-
« vailler à fond mon caractère. Vis-à-vis de mes
« parents, je serai remplie d'attentions, de prévenances ;
« je leur éviterai le plus de peine possible ; je m'oublierai,
« je me dévouerai pour les autres, sacrifiant en tout ma
« volonté propre. Qu'une chose me gêne ou m'ennuie,
« c'est bien égal, pourvu que l'on soit content autour de
« moi... Enfin, c'est tout dire, je veux me montrer
« *parfaite enfant du Sacré-Cœur*, et *ange* au milieu de
« ma famille. » C'était là son désir ; ce fut le fruit très
doux que l'on put goûter auprès d'elle. Au Ranquet, comme
à Belle-Croix, on admirait tout bas la transformation déjà
si profonde opérée dans l'âme de cette enfant ; en deux
années, elle avait parcouru un immense espace.

A la rentrée de 1889, Antoinette, âgée de 15 ans,
entrait en seconde classe. On a souvent remarqué au
Sacré-Cœur que cette époque de l'éducation est d'une
importance décisive dans la formation morale de l'enfant ;
il s'agit de poser les bases d'une vertu solide ; d'entre
prendre, avec sérieux et vigueur, le travail sur soi-même,
pour détruire d'une main et édifier de l'autre, comme les
ouvriers-soldats de l'intrépide Zorobabel. Ce moment si
capital, c'est vraiment l'heure du *Nunc cœpi* (1) ; l'heure

---

(1) « C'est maintenant que je commence.» Parole que saint Bernard se
redisait chaque jour, et, après lui bien d'autres saints, qui renouvelaient
par ce moyen la ferveur d'une première donation.

où l'horizon surnaturel se dévoile au regard de la foi ; l'heure enfin où il s'agit de dire : *Je dois, je puis, je veux.* Heureuse l'enfant qui s'engage alors, sans délai comme sans réserve, dans les austères mais beaux sentiers du devoir !

Prévenue de grâces particulières, Antoinette avait déjà fait de sérieux progrès dans cette sainte voie ; mais, oubliant les efforts du passé, elle se redisait chaque jour : Il faut que je m'y mette, et que j'avance coûte que coûte !

Quand elle entendait rappeler des maximes, comme celle de saint Jean Berchmans : « Je veux me sanctifier jeune, sous peine de ne l'être jamais, » ou bien comme celle du Père Olivaint : « Il faut moins de temps que de courage pour faire un saint, » ses désirs s'activaient, et sa ferveur communicative entraînait ses compagnes : « Allons ! disait-elle, pour Jésus toujours plus, toujours mieux, jamais assez ! »

L'étude des siècles du moyen âge, maintenant mieux connus et mieux appréciés, contribuait encore à développer les tendances un peu chevaleresques de sa nature, et tout ce qui était dévouement et générosité trouvait écho dans son âme sensible. C'est ainsi qu'à cette époque, elle demanda à la Révérende Mère Supérieure de Belle-Croix d'offrir sa vie pour une enfant de l'école gratuite qui se mourait : « Je suis moins utile que cette pauvre petite, » disait-elle. Bien entendu, la réponse fut négative ; Antoinette se soumit et ne songea plus qu'à se préparer de son mieux à la grâce tant désirée : être reçue aspirante à la Congrégation des Enfants de Marie !

Saint Stanislas, au jour de sa fête, fut son introducteur dans la chère famille de la Reine du Ciel, et, avec lui, elle devait répéter souvent avec ferveur: « Je l'aime ! Elle est ma mère. »

La joie de cette première grâce double le courage de la vaillante enfant; elle multiplie ses pieuses industries, se travaille et se laisse travailler comme une cire molle entre des mains habiles ; chaque réprimande la trouve docile et reconnaissante, et chaque heure du jour la laisse fidèle au poste du devoir. Pour s'assurer davantage de sa vertu, on l'éprouve, on lui fournit largement l'occasion de se vaincre ; Antoinette sent jusqu'au vif ces épines placées sur son chemin ; mais Jésus seul et la Mère qui tenait sa place avaient le secret de ces déchirements intimes. Ils pouvaient faire couler ses larmes, mais ils n'ébranlaient pas sa volonté. Quand elle avait pleuré au pied du tabernacle ou près de sa Maîtresse générale, elle revenait souriante au milieu de ses compagnes, et nul n'aurait pu se douter de l'orage intérieur que la prière et la confiance avaient dissipé. Des efforts si généreux permirent de hâter la récompense, et, dans le cours de la neuvaine préparatoire à l'Immaculée Conception, Antoinette apprit que la grande fête serait le jour même de sa consécration à Marie. Dans quels termes chaleureux elle fait part de son bonheur à sa famille !

« *Magnificat !* parents bien-aimés, je suis si heureuse « de venir vous annoncer ma réception ! Je vais donc « devenir Enfant de Marie ! Je vais recevoir cette médaille « si longtemps attendue, si ardemment désirée ! C'est hier

« au soir que ma Mère a proclamé les nouvelles reçues ;
« vous pensez si mon cœur battait fort... Avant de me
« coucher, j'ai remercié de mon mieux la très sainte
« Vierge, et je lui ai demandé de faire de moi une très
« bonne Enfant de Marie. Ma chère S. est reçue avec moi,
« ainsi que J. A. et M. C. Nous ferons une petite retraite
« pour nous préparer à ce grand jour du 8 décembre, le
« plus beau après celui de ma première Communion. Mon
« bonheur serait complet si je vous avais près de moi,
« parents chéris, ainsi que ma petite Françoise ; mais je
« suis résolue à accomplir généreusement ce sacrifice
« que mon cœur sent vivement. »

Les impressions d'Antoinette, en ce jour béni, pouvaient
se lire sur son visage radieux ; le lendemain, sa plume les
traduisait ainsi à ses chers absents : « Lorsque je suis venue
« m'agenouiller aux pieds de *Mater Admirabilis*, je ne
« voyais, je n'entendais plus rien, mais je sentais le doux,
« le maternel regard de Marie qui daignait s'abaisser sur
« moi. Enfin je prononçai ma consécration et je reçus ma
« médaille... Comment vous exprimer ce que j'éprouvai
« alors ? Je restai longtemps inclinée, et je priai pour tous
« et pour chacun, car à ce moment ma divine Mère ne pou-
« vait rien me refuser. Je pleurai d'émotion, et lorsque je
« vis S. se jeter dans les bras de sa mère, je sentis vive-
« ment le sacrifice de la séparation. A côté de moi, la
« pauvre M. pleurait aussi, mais hélas ! elle n'avait plus
« de mère ici-bas ! »

On revint souvent et longtemps sur cette journée du

Ciel. « Nous aimions, dit une de ses heureuses compagnes,
« à venir prier à la place même où nous avions reçu nos
« chères médailles. C'était toujours le cœur ému que nous
« assistions à de nouvelles réceptions d'Enfants de Marie.
« Antoinette me disait alors : « Je crois qu'elles n'ont pas
« l'air aussi heureux que nous l'étions; notre réception a
« été unique, et ce jour-là notre divine Mère a laissé voir
« quelque chose de ses splendeurs, car vraiment nous
« n'étions plus sur la terre ! »

Deux ans après, Antoinette écrit à la même amie : « Oh !
« comment n'être pas ferventes en cette belle fête de notre
« Mère immaculée ! J'ai bien pensé à vous en offrant mon
« lis à la très sainte Vierge, je l'ai suppliée de le conserver
« intact avec le vôtre, de les cultiver elle-même, de les gar-
« der tous les deux pour le Ciel. Oh ! le 8 décembre ! Quel
« jour, ma sœur bien-aimée ! Que Marie a donc été bonne
« pour nous ! Soyons folles de la sainte Vierge ; nous ne
« l'aimerons jamais assez ! »

Aimer Marie ! C'était bien le mouvement qui, de plus en
plus, emportait le cœur d'Antoinette vers sa divine Mère !
La marque non équivoque de cet amour, on la trouve dans
ce besoin d'imitation, qui la presse de devenir une copie
vivante de *Mater Admirabilis*, et une enfant « généreuse
dans la souffrance, parce que sa Mère est une Mère de douleurs ». — « Il faut que j'aime à souffrir avec Marie debout
au pied de la croix, » dit-elle. Dieu, pour mettre à l'épreuve
la sincérité de ses bons désirs, lui envoie tantôt des souffrances corporelles, tantôt des peines de famille, cruelles

pour ce cœur si aimant ; ou bien des difficultés intimes avec elle-même. Mais cette âme vraiment magnanime n'en était plus à mesurer ses pas dans la voie du sacrifice. L'élan de sa générosité était tel que souvent il n'y avait place que pour un acte d'amour entre un sacrifice à faire et un sacrifice accompli.

Malgré la constance de la lutte, l'ennemi, sans cesse vaincu, revenait sans cesse à la charge pour harceler la pauvre enfant et essayer de lui faire déposer les armes. Il avait affaire à plus puissant que lui, car Antoinette ne restait jamais seule en face de l'adversaire : par la prière, le ciel tout entier était appelé au secours ; or, pour rappeler ici une belle parole, malheureusement trop oubliée : « rien n'est fort comme la faiblesse qui prie ! » Puis, avec quelle simplicité elle ouvrait son cœur ! Le regard maternel de la Maîtresse générale pouvait lire jusqu'au fond de cette âme, aussi profonde que limpide, et ses sages avis, ses encourageantes paroles soutenaient, et relevaient au besoin, le courage de l'Enfant de Marie.

La grâce des saints Exercices vint, au mois de février 1890, stimuler sa bonne volonté. Dès le premier jour, elle entend la voix de Marie qui lui dit : « Monte plus haut, « mon enfant : *sursum corda !* Je comprends, ô Mère, écrit « Antoinette. Il faut m'arracher à ce qui passe, et me jeter « dans l'infini de Dieu ; il faut réprimer ce besoin d'aimer, « d'être aimée, et le concentrer en Jésus ; il faut donner et « donner avec joie, dans le sacrifice total et complet... « Mais pour monter ainsi, il faut lutter, toujours lutter ; ô

« mon Dieu, c'est bien dur.... Non, je ne reculerai pas ; je
« ne veux rien vous refuser, ô Jésus, ô Marie ; je le sens,
« vous me voulez à vous tout entière ; prenez possession
« de votre enfant ; donnez-lui la passion de votre vo-
« lonté, et la force de répéter toujours pratiquement
« et généreusement son cri de guerre : *Vaincre ou*
« *mourir !* »

Après une conférence sur les défauts et la manière de
les combattre, Antoinette s'excite par des souvenirs de
famille à l'esprit militant, qui est bien l'esprit du chris-
tianisme : « Fille et nièce de zouaves, petite-nièce de géné-
« reux martyrs, ne permettez pas, ô mon Sauveur, que
« je me montre indigne d'eux ; si j'étais homme, je les
« aurais suivis ; mais puisque je ne le puis pas, je veux
« du moins combattre sur le champ de bataille que m'offre
« mon propre cœur ; j'ai d'innombrables défauts à exter-
« miner, des passions ardentes à diriger ; je veux me
« mettre à la guerre énergiquement, et je vous le promets,
« mon Dieu, je ne capitulerai jamais. O Jésus, ô Marie,
« je suis votre petit zouave, je lutterai avec vous et pour
« vous, et rien ne sera impossible ! »

Cet enrôlement semble scellé par cette prière que nous
trouvons quelques pages plus loin : « Mon incomparable
« Maître, je m'attache à vous pour la vie, et puisque *vivre*
« pour moi c'est *aimer*, et qu'*aimer* c'est *donner*, faites que
« je vous donne *tout* et pour toujours ; que je vous aime
« pour vous seul et pour l'unique bonheur de vous aimer ;
« que le passé, le présent et l'avenir soient entièrement à

« votre disposition, par le sacrifice de tout moi-même. »

Citons encore quelques phrases qui feront voir comment elle entendait pratiquer ce sacrifice d'elle-même pour l'amour du bon Maître :

« Tout à Jésus, tout pour Jésus ! O mes yeux, regardez « Jésus ; ô mes lèvres, parlez de Jésus ; ô ma mémoire, sou- « viens-toi de Jésus ; ô ma volonté, sois celle de Jésus ; ô « mon intelligence, efforce-toi de comprendre l'amour de « Jésus. Et toi, ô mon cœur, toi qui sens si vivement, « toi qui sais tant aimer, oh ! qui aimeras-tu, sinon « Jésus ? »

On le voit, les lignes se dessinent plus vives et plus nettes ; Jésus se détache de toutes les ombres ; il aborde, il remplit tout, rayonnant autour de lui la lumière, qui nous vient de son divin Cœur. De plus en plus aimé, il est pour Antoinette l'unique principe de vie ; son amour désormais est le mobile puissant qui toujours animera ses actions.

Il semble, à dater de cette époque, que l'on puisse dire de cette enfant ce que l'on a dit de bien des saints : elle possédait son âme, et la tenait, pour ainsi dire, entre ses mains afin de la donner à Dieu, instant par instant. De là, cette admirable fidélité à se suivre, si rare chez les enfants. Son examen particulier, consciencieusement marqué, se poursuit avec une sérieuse vigueur. Ce qu'elle attaque, ce sont ses défauts de caractère, et elle divise son sujet, de façon à se rendre maîtresse en peu de temps de telle ou telle imperfection. Puis, elle s'impose une pénitence pour chaque manquement. L'ennemi, quel qu'il soit, doit reculer devant une semblable tactique.

Très attachée à la pratique de la méditation, dont elle comprend le prix et dont son âme sent le besoin, Antoinette y puise chaque matin une pensée de foi, qui la nourrit durant tout le jour, et une résolution précise qui tient la nature en échec. L'une et l'autre sont notées d'une manière quotidienne dans un petit cahier que nous pouvons feuilleter au hasard, avec l'assurance d'y rencontrer à chaque page la note vibrante de la générosité, et un véritable parfum d'édification. Ouvrons-le aux mois d'août et de septembre, nous verrons comment les vacances la laissent tout entière, malgré leurs distractions, au grand travail intérieur qui l'occupe plus que tout le reste.

7 août 1890.

« *Vaincre ou mourir !* Aimer, souffrir ! Aujourd'hui, je serai très douce avec tout le monde, en pensant à Jésus doux et humble de cœur.

8 août, vendredi.

« La Messe, la Communion ! Que je suis heureuse ! Dans la journée, penser très souvent à mon Jésus si bon ; *tout* faire par amour pour lui.

. . . .

14 août.

« Préparer mon cœur à ma Communion de demain, en

faisant beaucoup d'actes de mortification. Il faut souffrir pour aimer...

15 août.

« Renouvelé, médité ma consécration d'Enfant de Marie. O ma divine Mère, aidez-moi à avoir l'air heureux de tout.

16 août.

« Là où est ma Mère, là je serai un jour..... Courage, mon âme ; souffrir passe, avoir souffert ne passera pas. Unir mes petites croix à la Croix de Jésus.

17 août.

« *Vitam præsta puram.* » Vivre d'une vie pure... Je suis l'Enfant de Marie immaculée... Jésus se plaît parmi les lis. Aujourd'hui, éviter tout ce qui pourrait déplaire à Dieu.

. . . .

5 septembre, 1ᵉʳ vendredi.

« *J'ai cherché, mais en vain, quelqu'un qui compatît à mes douleurs.* » O Jésus, je veux moi vous consoler par ma générosité. — Aller au-devant de tout ce qui pourra m'être un peu moins agréable aujourd'hui.

« Vivre avec Jésus par la vie intérieure, l'union et l'amour... Être douce, humble, prévenante avec tout le monde... » Mortifiée, joyeuse, égale et dévouée, ce sont les résolutions qu'elle note tour à tour et que l'on devinait autour d'elle, car *vouloir* et *faire* ne faisaient qu'un pour l'énergique enfant.

Au pensionnat, elle continue ce petit journal spirituel, et nous lisons au début de cette nouvelle année 1890-1891 : « Aidez-moi, ô mon Dieu, à réaliser les desseins de votre « volonté sur moi... Je veux bien tout ce que vous vou- « drez, ô bon Maître, et prosternée à vos pieds, je vous « promets d'être généreuse, fidèle à votre grâce et à votre. « bon plaisir. Je vous promets de ne pas laisser mon « cœur se captiver par les créatures, mais de reporter « vers vous, ô Jésus, tout cet amour dont il déborde, et « qui parfois le fait tant souffrir !... Vous seul, ô mon « Dieu, le connaissez vraiment ce cœur que vous avez créé « si avide d'aimer ; prenez donc et recevez l'immolation de « chaque jour, de chaque instant qu'il vous offre en « silence... peines, sacrifices, désirs, craintes, angoisses, « luttes dont vous seul êtes le témoin, prenez tout... « *Hostia pro hostia !*

« Vierge immaculée, daignez bénir et féconder ces « résolutions que je place dans votre Cœur maternel. « Aidez-moi à devenir avant tout une *enfant de devoir.* »

Ses promesses quotidiennes reviennent souvent sur cette dernière pensée : « Je serai où le *devoir* m'appelle, « car c'est là que je trouverai Jésus. » — « Fidélité au « *devoir*, moment par moment. » — « Etre ferme, inébran- « lable dans la pratique du devoir. » — « Généreuse à « faire tout ce qui coûte dans la ligne du devoir, » etc. etc.

Une autre pensée sur laquelle Antoinette semble avoir reçu de vives lumières, c'est celle de cette jalousie divine, que les cœurs purs et délicats savent si bien comprendre.

Novembre 1890.

« *Dieu est un Dieu jaloux...* » Il veut que je l'aime par-dessus tout, et que nulle affection terrestre n'enchaîne mon cœur ! Oui, Jésus, oui ! »

7 novembre.

« O Cœur de mon Jésus, si je n'avais le courage de
« vous donner tout entier ce cœur dont vous êtes jaloux,
« et que vous avez créé pour vous aimer, oh ! alors prenez-
« le, et ne me le rendez plus ! »

Quelques jours après, elle écrivait à sa Maîtresse géné-rale : « Je tâche d'aimer beaucoup et uniquement Notre-
« Seigneur, et je sais qu'il m'aime aussi, car ce bon Maître
« ne manque pas de m'avertir dès que j'ai manqué de
« délicatesse et de générosité envers lui ! Oh ! qu'il est
« jaloux, ce divin Ami ! »

Elle ajoute : « Vous aussi, ma bonne Mère, vous êtes
« assez bonne pour me prévenir et me reprendre, je vous
« supplie de le faire toujours sans ménagements. » Cette demande, Antoinette la réitéra souvent, et certes jamais prière ne fut mieux exaucée ! « Elle recevait si bien les observations que j'étais encouragée à ne pas les lui ménager, » nous dit sa Maîtresse de première classe. « J'entends encore ce « Merci, ma Mère », accompagné d'un

bon et franc sourire, qui contrastait quelquefois encore avec les larmes jaillissantes; mais ce contraste lui-même faisait mieux ressortir le triomphe de la grâce sur la sensibilité. »

Ce témoignage rendu répond à une résolution prise pendant la retraite de 1891. « Plus un acte était pénible, « plus Jésus y mettait son cœur; je veux qu'il en soit « ainsi pour moi, et que tout sacrifice grand ou petit me « trouve joyeuse et empressée. » — « Merci, mon Dieu, de « m'avoir fait de telle sorte que je sois toujours obligée de « lutter, que j'aie plus à souffrir que d'autres, et qu'à « chaque instant j'aie des sacrifices à faire.... Oui, merci. « Cela me coûte, mais n'est-ce pas le moyen de vous prouver « mon amour et ma fidélité? » — « Le moment du péril est « celui du courage ! » — « Oh ! qu'il en soit ainsi pour moi, « ô mon Dieu ! Que mon ardeur grandisse avec les diffi- « cultés.... Que la tentation m'anime et ne m'abatte plus ; « que le combat de tous les jours ne ralentisse pas ma « vaillance, mais me donne au contraire une force nouvelle « pour lutter toujours, et pour lutter avec une ardeur « croissante. Vous l'avez dit, Seigneur, vous n'éprouvez « pas l'âme au-dessus de ses forces. Donnez-moi pour « vous cette tendre confiance, qui me fasse retrouver le « calme et la paix au sein de la tempête. »

L'attitude de cette âme en face de la lutte a bien changé; ce n'est plus cette nature frémissante, qui se soumet avec violence et sent le besoin de s'exalter pour aiguillonner une volonté rebelle. Non, elle en est venue à courber la

tête sous le joug, et à le porter avec amour et reconnaissance.

Le petit zouave de l'an passé s'engage de nouveau et
dit à sa Mère immaculée : « Je veux qu'en me voyant
combattre, vous puissiez être fière de votre enfant. »

La note caractéristique de cette retraite nous semble
être un véritable esprit de prière, en union avec *Jésus
priant* au tabernacle. Elle veut « prier avec lui pour être
« pure comme la blanche hostie, et elle demande la mort
« plutôt que la moindre souillure volontaire ; elle veut
« prier pour s'immoler avec Jésus immolé ; pour in-
« tercéder auprès de Dieu en faveur des âmes ; enfin elle
« veut vivre de prière, pour vivre d'amour et de sacrifice. »

La grâce précieuse de ces jours de lumière a son pro-
longement dans les mois qui suivent. Jésus à consoler,
Jésus à aimer, Jésus à imiter, c'est tout son objectif, et,
comme toujours, elle le place sur le terrain pratique.

27 février 1891.

« Le *sitio* de Jésus au tabernacle ! » Pour le désaltérer,
je priverai mes yeux de tout regard inutile ou agréable. »

28 février 1891.

« *Le Maître est là, il m'appelle.* Jésus m'appelle là où il
y a du bien à faire, un sacrifice à accomplir. Répondre
promptement et joyeusement ».

6 mars, Retraite du mois.

« Jésus *veut* que je le console, que je répare pour ceux qui l'outragent, en étant généreuse à faire tout ce qui me coûte. Je puiserai la force dans une union intime et continuelle avec le Cœur de Jésus. Marie immaculée, apprenez à votre enfant à s'immoler pour Jésus, avec Jésus, et par vous, ô ma tendre Mère.

« Ma résolution pour ce mois sera d'être fidèle dans les plus petites choses ; pour cela je m'efforcerai de ne pas perdre Dieu de vue, de dominer mes impressions, et de rester calme et paisible. »

16 mars.

« Je veux être pour Jésus l'ange consolateur ; rester auprès de lui, prier, souffrir, réparer pour ceux qui ne comprennent pas l'amour du Cœur de Jésus. »

Nous pourrions multiplier ces citations, mais suivons plutôt Antoinette dans sa marche progressive, et admirons ce que Dieu fait dans une âme qui se livre toute à lui.

La dernière année au pensionnat allait sonner, et l'enfant, qui comprenait l'importance et la portée de la classe supérieure, envisagea plus sérieusement encore le devoir de sa formation intellectuelle et morale, à laquelle il s'agissait de donner sa trempe dernière.

Rien ne lui paraît meilleur pour cela que l'habitude du sacrifice, et elle se propose de l'acquérir. Bientôt, non contente d'accepter, elle veut provoquer, et elle écrit : « Si « les humiliations ne se présentent pas d'elles-mêmes, « j'irai les chercher, par amour pour Jésus humble...

« Cela coûte ! Tant mieux ! Cela coûte, donc je le ferai ! »
Lorsque le bon Maître se plaît à rassasier ses saints désirs,
la généreuse enfant le remercie avec effusion : « Contre-
« dite, contrariée, humiliée trois fois ; trois fois merci, ô
« Jésus ; faites cela souvent ; ne comptez pas avec mes
« répugnances, mais donnez selon votre Cœur, et selon
« mon cœur, qui veut être tout à vous. »

Un petit trait, datant de cette époque, prouve que les
moments terribles reparaissaient encore, et que les répugnances étaient vives parfois : Antoinette avait entendu
citer cette pieuse et naïve pratique d'une Enfant de Marie
qui, voulant refléter quelque chose de la sérénité de *Mater
Amabilis*, se rendait tous les matins aux pieds de sa divine
Mère pour faire, disait-elle, *accrocher* sur ses lèvres le
sourire de la paix et de l'aimable douceur. Un jour, au
sortir d'une classe, Antoinette, arrêtant sa maîtresse, lui
dit avec des larmes dans les yeux : « Priez, ma Mère,
car aujourd'hui cela va bien mal ; il ne suffit pas que le
sourire soit *accroché*, il faut qu'il soit maintenu à tout instant par la sainte Vierge. » Or, si cette révélation n'avait
fait pénétrer la maîtresse dans le cœur de l'enfant, elle
n'aurait pu soupçonner l'orage intérieur sous les dehors
aimables qu'elle avait apportés en classe, et qu'elle garda
tout le jour. Cette égalité de caractère, cette joie sereine et
calme, nous en trouvons la résolution, formulée presque
à chaque page, dans ses notes journalières. Elle se
l'impose comme pratique pour se préparer à la retraite,
et s'excite à ne rien épargner pour que son âme soit prête

à recevoir Jésus : « Oh ! qu'il ne passe pas en vain ; mais
« qu'il entre en moi et se contente pleinement, »
demande-t-elle à sa Mère immaculée.

C'est bien ce que Jésus devait faire ! Pourtant le Dieu
jaloux, le Dieu très pur, qui voit des taches jusque dans
ses anges, montre à Antoinette sans ménagements les
obstacles qui gênent encore ses divines opérations. Sa
lumière est reçue avec reconnaissance et bonne volonté :
« C'est bien vrai, Jésus, écrit-elle, je me recherche moi-
« même, alors que je devrais me haïr et me mépriser....
« J'aime à être estimée, et surtout je désire trop être
« aimée... Pourtant l'estime, l'amour des créatures qui
« passent comme moi, qu'est-ce que cela, pourvu, ô Jésus,
« que vous m'aimiez et que je vous aime ? Arrière donc
« toutes les vaines pensées et préoccupations personnelles
« d'estime et d'amour des créatures... C'est pour vous, et
« pour vous tout seul, ô Jésus, que vous m'avez fait
« un cœur *si aimant ;* prenez-le, je vous l'offre, je vous
« l'abandonne pour toujours. Aidez-moi , ô ma Mère
« immaculée, à me faire une âme forte, humble, coura-
« geuse ; une âme capable de tous les dévouements jus-
« qu'à l'héroïsme ; de tous les sacrifices jusqu'à l'immola-
« tion. »

Antoinette comprend aussi, durant cette retraite, la
nécessité de réprimer son ardente imagination : « Je ne me
« laisserai pas entraîner par elle à des souvenirs, des espé-
« rances qui pourraient me distraire du devoir et de Dieu...
« C'est assez que ce soit une occasion de péché pour com-

« battre généreusement cette tendance, afin de vous offrir,
« ô Jésus, un cœur toujours pur, toujours digne de vous,
« mon unique et incomparable Ami!... Si vous permet-
« tez qu'à certains jours la vie me paraisse lourde et
« sombre ; si vous laissez peser sur mon âme le poids de
« la tristesse, de l'ennui ; si vous faites le vide dans mon
« cœur, j'accepterai la peine sans *l'entretenir ;* je prierai
« beaucoup, et je vous rendrai grâces de me faire un peu
« souffrir. D'ailleurs, dans chaque croix, dans chaque
« lutte, dans chaque épreuve n'êtes-vous pas là, ô Jésus ?
« N'y a-t-il pas un tabernacle sur la terre ? N'y a-t-il pas
« un crucifix ? N'y a-t-il pas une image de ma Mère
« immaculée ?... O mon Dieu, je vous rencontre à chaque
« instant, même dans ce triste exil ; alors, j'ai assez de
« force pour lutter, pour vaincre, pour souffrir ; oui,
« pour souffrir, car *Dieu en vaut la peine !* »

Pour s'affermir dans ses bonnes dispositions, la généreuse enfant trace ces trois mots en gros caractères : « *On peut quand on veut ! On peut ce que l'on veut ! On peut comme on veut !* »

Elle pouvait après cela écrire dans ses résolutions :
« Générosité ! Confiance ! *Générosité* pour faire, dans le
« petit détail, tout ce que Notre-Seigneur demande. *Con-*
« *fiance* pour me jeter dans son Cœur, tout attendre de sa
« bonté, et compter sur sa tendresse pour moi. O ma Mère
« immaculée, je vous confie tous mes désirs, toutes mes
« promesses, offrez-les vous-même à Jésus ! Je vous
« remets surtout le lis de mon cœur, gardez-le bien pour

« Celui à qui *seul, tout seul* il appartiendra. Et vous, ô
« mon divin Maître, vous êtes *tout* pour moi et je suis
« toute pour vous ! »

Le carême qui s'ouvrit peu après cette retraite, trouva
Antoinette de plus en plus fervente. Elle avait trop
l'esprit chrétien pour ne pas comprendre que ce temps
de pénitence doit être employé, suivant l'âge et les forces,
aux exercices de la prière et de la mortification. D'un vouloir énergique, elle trace son plan :

« Prières prolongées, récitées les bras en croix avant de
« se coucher ; privation de dessert ; manger au réfectoire
« les petits restes de pain, ou autre chose traînant sur
« la table ; se priver aux repas supplémentaires de 10 h. 1/2
« et de 4 heures ; ne rien accorder aux sens de ce qui
« peut leur procurer quelque jouissance ; » c'est ce
qu'elle se propose, mais qu'elle soumet heureusement à
l'obéissance, qui corrige ce programme d'après les règles
d'une sage prudence.

Le plan de la mortification intérieure n'eut pas besoin
de correctif. « Pendant ce carême, écrit-elle, je ferai mes
« exercices de piété avec plus de soin, de recueillement et
« d'attention. Chaque matin, je me jetterai dans le
« Cœur de Jésus avec toutes mes misères, afin de ne
« plus penser à moi, mais aux âmes..... Oui, je suis
« mauvaise, très mauvaise ; mais Jésus est bon, et Jésus
« est à moi !... M'oublier pour ne penser qu'à lui et à
« ses intérêts » ..... « Par amour pour Notre-Seigneur
« je serai plus dépendante, plus fidèle dans les petites

« choses ; je me mortifierai dans ma tenue, et je tâche-
« rai de chercher toujours ce qui me gêne, au lieu
« d'aller au plus commode. Souvent dans la journée, afin
« de me donner du courage, je penserai que le Cœur de
« Jésus n'attend peut-être qu'un acte, qu'un effort de
« ma part pour sauver un pécheur ! Oh! alors, comment
« reculer, *quand il s'agit des âmes ?* »

Dire ce que furent les derniers mois d'Antoinette au pensionnat, à ce point de vue de la générosité, ce serait répéter tout ce que nous savons déjà ; il est temps de montrer l'influence profonde que la vertu de cette enfant exerça autour d'elle. Mais si, pour exciter quelques volontés lâches au combat, nous demandions à Dieu de permettre à cette vaillante élue de tracer du haut du Ciel son bulletin de victoire, la vérité, je crois, lui dicterait ces mots : « *J'ai voulu ; j'ai prié ; j'ai vaincu !* »

CHAPITRE V

INFLUENCE D'ANTOINETTE AU PENSIONNAT

Ange et apôtre, voilà l'idéal de notre chère Antoinette. Tendre au bien pour son compte par toutes les énergies de son âme, c'est son but intime et toujours présent ; les pages qui précèdent l'ont bien prouvé. Amener les autres au bien, c'est le second mobile qui l'anime sans cesse.

Impossible de vivre auprès d'elle sans céder au courant de ferveur qui l'emportait constamment vers la pratique du devoir. Il y avait, dans ce jeune cœur, comme un trop-plein ; ce trop-plein avait besoin de se déverser dans d'autres âmes, ou, pour mieux dire, l'amour du Cœur de Jésus avait allumé en elle une flamme d'apostolat qui brûlait de se communiquer, et s'avivait sans cesse au foyer de la piété.

De bonne heure, Dieu avait donné à cette enfant l'intelligence de ce nom d'apôtre qu'elle ambitionnait de mériter à tout prix. Il serait difficile de dire le fécond résultat que sa prière et ses œuvres ont produit sur le sol de Belle-Croix. Son action et son exemple furent de ces influences bénies que les cœurs apostoliques exercent autour d'eux.

Dans une belle et touchante prière, Antoinette avait exposé à Dieu ses ardents désirs : « Faites, ô Seigneur, « que je sois de ces âmes qui savent vous posséder et vous « donner ; de ces âmes de feu qui se consument et « embrasent tous les cœurs ; de ces âmes enfin qui passent « en faisant le bien, entraînant les autres à leur suite, pour « vous faire régner sur un plus grand nombre de cœurs. « *Ame de feu, âme d'apôtre*, ô Jésus, c'est ce que vous « voulez de votre pauvre enfant ; je me remets entre vos « mains, pour que vous me fassiez ce que je dois être. « Servez-vous de moi comme il vous plaira, pour votre plus « grande gloire et pour le plus grand bien des âmes. »

Dans les notes d'une de ses amies intimes, nous lisons : « Antoinette fut une âme de prière, c'est un des traits « saillants de son apostolat : l'Église, la France, les « pécheurs, sa famille, ses compagnes ; son cœur n'oubliait « personne. » Elle priait avec une telle ferveur, qu'en cela, comme en tout le reste, son exemple avait une puissance attractive presque irrésistible. Puis, quelle force de conviction dans ces courtes paroles qui relevaient un courage abattu, ou montrait le remède au mal. « Prions beaucoup, ma chère S., disait-elle à l'une, c'est le seul moyen d'être encore bonne à quelque chose... » A une autre : « Bien « vite un fervent *Memorare*, la sainte Vierge arrangera

« tout. » Ou encore : « A force de prier, venons à bout
« de nous ! »

L'association, connue sous le nom d'*Apostolat de la
prière*, trouva chez Antoinette une zélatrice ardente. Placée
à la tête d'un groupe d'enfants plus jeunes, qui formait sa
section ou sa *bande*, selon le mot en usage au Sacré-Cœur,
elle cherchait avant tout à leur inculquer l'amour et
l'estime de la prière : un pieux rendez-vous les unissait
le matin au moment de l'Élévation. Elles devaient solliciter
les unes pour les autres la grâce d'aimer davantage le
Cœur de Jésus durant cette journée, et de le lui prouver
par une plus grande fidélité au devoir. On se sentait
soutenu ainsi par l'union qui fait la force. « Il nous suffisait, dit une des compagnes d'Antoinette, de regarder notre
Mentor, pour avoir envie d'être fervente et généreuse. »

Si, dans sa bande, quelque étourdie oubliait ses devoirs,
ou se montrait récalcitrante à l'autorité, la pieuse zélatrice
commençait par prier, et ayant ainsi rempli son cœur de
Jésus et de Marie, elle allait vers la coupable, l'amenait
doucement à dire son *meâ culpâ*, et, avec une affectueuse
tendresse, lui persuadait de réparer ses torts, et de consoler ainsi le Cœur du divin Maître.

Avec l'esprit de prière, elle communiquait aussi l'amour
du sacrifice : « Oh ! qu'elle m'en a fait faire, disait après sa
mort une enfant difficile ; elle les demandait de telle sorte
qu'il était impossible de les lui refuser. » On en venait à
faire de tout cœur ce que de tout cœur on n'eût pas voulu
faire.

« La dévotion à ce qui coûte, disait parfois Antoinette, « c'est la dévotion des dévotions !... » C'était la sienne. Elle avait le droit de l'enseigner. Mais, avec un tact délicat, un parfait à-propos, elle savait deviner l'heure propice, pour jeter le grain dans le sillon, et, au lieu de le submerger dans un déluge de paroles, elle le fécondait ensuite par la douce rosée de la prière. Pourtant, s'il fallait parler pour maintenir le véritable esprit de famille, nulle ne le faisait avec une plus douce fermeté, car le respect humain n'avait pas entrée dans son âme. Toucher à ses maîtresses, c'était la blesser au vif.....

Grâce à la bonne impulsion qui animait ce pensionnat, elle eut rarement à montrer, sur ce point, sa manière de voir.

Ce qu'elle faisait tous les jours, c'était d'entraîner au bien, et tous les trésors de son affection, toutes les ressources de son intelligence, tout son savoir-faire, elle l'utilisait dans ce but ! Pas une de ses compagnes qui ait échappé à son influence forte et douce ; dans leurs notes nous lisons : « Antoinette parlait de l'amour de Notre-Seigneur de façon à vous enlever ; tout devenait facile quand elle disait : *Allons ! pour Jésus !* » A une de ses amies intimes, elle glisse en passant, au milieu d'une récréation : « Aimons Jésus ! Il n'y a que cela sur la terre ! » — « Oh ! comme elle savait aider et encourager, dit une troisième, elle avait tant de cœur ! »

Le cœur ! c'était bien là le foyer d'où rayonnait le bien accompli par son zèle. Antoinette aimait ses compagnes,

elle les aimait comme des sœurs, s'intéressait à chacune
en particulier, avait souci de son bonheur et de son bien,
comme si elle eût été seule l'objet de ses prédilections.
C'est ainsi qu'après la proclamation des notes de la
semaine, son regard cherchait immédiatement les joyeuses
ou les affligées, pour prendre part à la joie des unes et
relever les autres par un témoignage de sympathie.

En récréation, après avoir lancé le jeu avec entrain, on
pouvait la voir passer une inspection rapide sur l'ensemble du cours, et se porter ensuite vers telle ou telle de ses
compagnes dont le front semblait soucieux. Alors, avec
bonté et discrétion, Antoinette, par un mot, cherchait à
dissiper le nuage. Si quelque groupe délaissait un peu le
jeu pour le charme d'une conversation, une parole belli-
queuse aiguillonnait l'ardeur ; si les timides ou les nouvelles se trouvaient dans la peine ou l'embarras, la charitable
enfant était aussitôt près d'elles pour les mettre à l'aise et
les soutenir. Enfin, d'une voix unanime, toutes celles qui
l'ont vue à l'œuvre lui reconnaissent ce talent précieux
d'être partout, selon ses désirs, le petit rayon de joie qui
console, épanouit et surtout fait du bien.

Son apostolat fut avant tout celui de la bonté, elle avait
si parfaitement compris cette parole : « Pour arriver à
faire du bien, il faut souvent commencer par faire plaisir. » Être agréable, rendre heureux, c'était chez elle
une préoccupation constante qui lui inspirait mille industries, lui suggérait de ces délicatesses qui sont la plus
aimable séduction d'un cœur plein de charité et d'humilité.

Fêtes de ses compagnes, anniversaires joyeux ou douloureux, espérances et déceptions, Antoinette gardait mémoire de tout, voyait ou devinait tout, et quelques mots d'affection ou de piété arrivaient, juste au moment voulu, pour témoigner de la fidélité de son souvenir et de la délicatesse de son cœur. Une personne moins oublieuse d'elle-même n'aurait pu suffire à cette tâche, mais la charité est ingénieuse, et quand l'ardent désir de produire le bien se combine avec l'attrait de faire plaisir, il y a une véritable puissance qui multiplie les facultés de notre être, et nous porte à accomplir de véritables prodiges.

C'est entre mille qu'il faut choisir les traits gracieux que le cœur inspirait à la charmante enfant. Un jour de congé, une de ses petites compagnes se trouva retenue à l'infirmerie pour une indisposition passagère ; Antoinette s'en aperçut, et, après s'être informée de la cause de son absence, elle trace à la hâte ces quelques mots : « Je vous « salue, petite contrariété pleine de grâces, je vous accepte « et je vous aime, car Jésus et Marie sont avec vous ; faites « en moi le bien pour lequel Dieu vous envoie. » Munie de cet aimable passe port, la messagère de la charité se rend auprès de la pauvre recluse, place sous ses yeux son bouquet spirituel, l'encourage, la console, et la laisse embaumée pour tout le jour des parfums d'une cordiale bonté.

Avec tant de cœur, comment Antoinette n'aurait-elle pas gagné l'affection de toutes ? Son influence était plus qu'acceptée, elle était aimée ; disons plus : ce sentiment avait

quelque chose de respectueux et de profond, comme seule
la vraie vertu sait l'inspirer aux enfants. C'était l'ange, à
la portée de tous, mais à distance cependant, car la pureté
qui l'enveloppe est une lumineuse barrière entre lui et
l'humain.

Auprès de cette sœur des anges, on n'eût pas osé non
plus avoir de ces familiarités caressantes, dont le démon
se sert trop souvent comme d'un piège dans le siècle
de mollesse et de sensualisme où nous vivons ; sa
tenue digne et correcte, sa parfaite distinction semblaient dire aux créatures: *Noli me tangere* (1), tandis
que son abord gracieux et ouvert attirait comme invin-
ciblement à elle.

Bien que l'influence d'Antoinette fût universellement
reconnue et acceptée de ses compagnes, Dieu, qui voulait
avant tout la sanctifier, permit qu'au cours des deux
années 1890 et 1891, quelques exceptions vinssent dans
l'ombre jeter des mots malveillants, qui tendaient à con-
trebalancer ou à diminuer l'espèce de popularité dont
elle jouissait. La généreuse enfant le sut; dominant
aussitôt le sentiment bien vif de sa nature, aussi fière
qu'affectueuse, elle tourna tout son cœur et toutes ses
prévenances du côté d'où venait l'opposition, et sa vertu
triompha.

Du reste, il n'est pas jusqu'à ses fautes elles-mêmes
qui n'aient eu leur profit ; c'est là, la réalisation de cette

____

(1) « Ne me touchez pas. » (Saint Jean, ch. xx). Parole de Jésus res-
suscité à sainte Madeleine.

parole : « Tout concourt au bien de ceux qui aiment Dieu. » Antoinette l'aimait, nous l'avons vu ; aussi quand elle craignait de l'avoir offensé par quelques saillies de caractère ou des réparties un peu vives, elle avait à cœur de le venger contre elle-même, et s'humiliait franchement auprès de ses compagnes. Que de fois ne l'a-t-on pas entendue dire : « Comme je vous demande pardon ! Priez pour que je me convertisse, » ou bien : « Il faut être bonne comme vous êtes, pour me supporter, méchante comme je suis ! »

Un de ses premiers soucis, après la séparation des vacances, était d'écrire aussitôt à ses maîtresses pour les « remercier un peu mieux, si c'était possible », et témoigner filialement ses regrets de n'avoir pas répondu avec assez de délicatesse à leurs soins. Envers ses compagnes, elle agissait de même : « Chère, bien chère amie, écrit-elle « au mois d'août 1891, j'aurais voulu vous demander « pardon de la peine que si souvent j'ai dû vous faire par « ma brusquerie et mon formidable orgueil ; je montre « encore beaucoup trop mes impressions, et l'égalité de « caractère n'est pas mon fort, mais vous savez bien que « si l'écorce est rude, le cœur n'en est pas moins « aimant... »

A une autre compagne en 1892 : « Adieu, chère et très « chère petite F... Vous savez que je ne vous oublierai « jamais. Retrouvons-nous chaque jour sur le Cœur de « notre Jésus et de Marie immaculée ; c'est là qu'il fait « bon ! Priez pour votre amie, n'est-ce pas ? Pardonnez-

« moi la peine que j'ai pu vous faire bien souvent, et croyez
« que mon cœur est rempli de la plus tendre affection
« pour vous. »

Il n'est pas jusqu'à son regard, profond et doux, qui
n'ait servi au bien : « J'y sentais, nous dit-on, comme un
« rayon céleste qui prêchait le dédain de la terre et rap-
« pelait le souvenir du Ciel. »

« Jamais je n'oublierai ce regard, nous écrit une des
« jeunes filles de Belle-Croix; il révélait toutes les aspira-
« tions de cette âme vers l'Idéal infini ; il y avait là quel-
« que chose d'indéfinissable, que j'appellerais volontiers
« un reflet de l'éternité. »

La même amie, qui l'a bien connue, lui rend ce témoignage : « Antoinette était toujours prête à se dévouer et à
rendre service, choisissant le plus difficile, le plus ennuyeux,
et le faisant avec un entrain qui dissimulait peine ou
fatigue. Les jours de congé, elle était ingénieuse à organiser
jeux et divertissements ; avec un tact plein d'humilité,
elle se faisait l'auxiliaire de nos bonnes maîtresses et,
comme elles, avait le don de rappeler la présence de Jésus,
même au milieu de nos plaisirs. » On sentait dans toute
l'attitude d'Antoinette que « Dieu lui était présent, qu'elle
agissait sous son regard, avec lui et par lui. C'est sans
doute ce qui donnait tant d'efficacité à ses bons conseils, à
ses tout petits mots que nous cherchions souvent ! dit une
autre de ses compagnes. Pour moi, elle fut un vrai guide,
un soutien, aussi fort que discret, et notre amitié était de
ces amitiés saintes, qui sont une grâce unique dans la vie.

Une amie qui ne songe à vous aimer que pour vous faire du bien, qui se fait une obligation de vous rendre meilleure, qui vous aime, plus encore quand vous êtes dans la peine, et qui confond dans le même intérêt et la même prière, ses intentions et les vôtres ; une amie enfin qui s'oublie absolument pour vous ; on en rencontre peu sur cette terre ! » Cela est vrai, et si Antoinette est une heureuse exception, c'est qu'elle avait compris les lois de l'amitié sainte. Pour elle, le point de départ, la raison d'une amitié, c'était le Cœur de Jésus : « S'il n'était lui-même notre « centre, pourrions-nous nous aimer comme nous le « faisons ? » disait-elle un jour à sa chère S...

La Vierge immaculée était aussi un lien très pur, unissant les enfants de sa famille, et l'union était grande, l'intimité parfaite dans la Congrégation, quand, le 8 décembre 1889, Antoinette prit rang dans cette phalange privilégiée. Elle se tint d'abord modestement à sa place de dernière venue, mais la flamme de sa ferveur se fit jour sous le boisseau. S'il s'agissait d'honorer Marie par quelques pratiques nouvelles, ses idées ingénieuses, sa manière toute simple de les présenter, puis ce souffle généreux qui animait tout, faisait adopter avec empressement ce qu'elle avait suggéré. « Combien elle aimait notre Association, dit une de ses amies, nos pieuses réunions, nos prières récitées en commun, notre petit Office du samedi, tout ce qui se rattachait à ce beau titre d'Enfant de Marie, dont le nom seul la jetait dans une sorte de ravissement ! Avec quelle piété elle portait sa chère médaille ! Je crois que jamais elle n'aurait pu se décider à la quitter un instant ; sa vue lui donnait joie et courage, et dans les moments difficiles, elle la pressait vivement sur son cœur et sur ses lèvres. »

Les notes intimes d'Antoinette nous révèlent l'ardeur de son zèle pour sa Congrégation. On l'y voit s'imposer prières et sacrifices pour que la très sainte Vierge soit aimée et glorifiée, et pour que chaque Enfant de Marie devienne de plus en plus digne du titre qu'elle porte.

A un certain moment, par suite de quelques négligences dans les petites choses, le niveau de la ferveur semble baisser ; deux ou trois seulement sont coupables, mais leur présidente se trouve responsable, elle s'afflige, s'accuse, et dans quels termes humbles et généreux, elle écrit à sa Maîtresse générale pour lui demander pardon : « Je vous promets, ma bonne Mère, de faire tout mon possible pour porter plus dignement ma bien-aimée médaille, pour entraîner les autres dans le chemin du devoir, afin que nous redevenions vraiment ce que nous devons être... Oh ! c'est de tout mon cœur que je regrette nos infidélités, nos lâchetés. C'est ma faute, je le sais, je le sens très bien, car si j'étais moi-même plus fidèle, plus ferme, plus généreuse, les autres le seraient peut-être aussi... Je vous en demande pardon, ma bonne Mère ; ce qui dépend de moi, je vais le faire pour que toutes nous nous remettions à l'œuvre avec une vraie ferveur. » Les coupables, n'ayant pas eu la même lumière sur leurs imperfections, ne renoncèrent pas si vite aux habitudes prises de causer au lieu de jouer à certaines petites récréations. Leur directrice alors voulut frapper un grand coup, et déclara que les réunions n'auraient plus lieu, tant que le règlement ne serait pas fidèlement observé.

Antoinette, profondément désolée, demande alors à la surveillante générale la permission de réunir dans son cabinet toutes les Enfants de Marie. Que se passa-t-il ? Je ne sais, mais au sortir de là, toutes pleuraient et venaient promettre à leur Maîtresse générale d'être désormais fidèles au devoir. Plus d'une, à partir de ce jour, disait ouvertement : « Antoinette est un ange ! Antoinette est « une sainte ! »

Une autre fois, suivant la convention, notre présidente dut reprendre une jeune Enfant de Marie qui s'était oubliée sur un point du règlement. Le reproche était amical, mais, dans un premier mouvement de nature, la reprimandée témoigna un vif mécontentement, qui ne changea en rien la calme douceur d'Antoinette. « Alors je rentrai « en moi-même, écrit cette enfant, je lui fis des excuses, « et sa bonté me conquit si bien, que je la suppliai de me « dire toujours ce qu'elle remarquerait de défectueux en « moi. Depuis ce jour, je pus constater à chaque instant « la délicatesse, le dévouement et l'impersonnalité totale, « qui rendaient si puissante l'action d'Antoinette. Avec « quel cœur je m'attachai à elle ! Aussi quand je vis arriver « le mois de juillet, le dernier que nous avions à passer « ensemble, je lui dis toute ma tristesse, à la pensée de la « séparation : « Moi aussi je suis triste, me répondit-elle ;

« mais, si vous le voulez, ma chère petite V., au lieu de
« penser à notre peine et d'en parler, employons tout notre
« temps à consoler le Cœur de Jésus. Pour nous rappeler
« notre pacte, nous nous dirons l'une à l'autre les premiers
« mots de l'*Improperium* : « J'ai cherché », et si quelqu'une
« de nos compagnes semble deviner notre secret, nous
« ajouterons, pour la dérouter : « Je n'ai pas trouvé ! »
« Mais il faut qu'il trouve en nous de vraies consolatrices,
« notre Jésus si bon, et qu'il ne puisse plus dire : « *J'ai*
« *cherché mais en vain quelqu'un qui compatît à ma*
« *douleur.* »

Tel fut auprès de ses compagnes l'apostolat fécond de
cette pieuse et généreuse enfant. On le voit, elle fit du
bien à la façon des anges, par cet ascendant surnaturel et
ce rayonnement céleste qui rappelaient le Ciel et les choses
du Ciel ; par cette bonté touchante et empressée, dont
toutes ont ressenti le charme délicat, enfin par cette candeur modeste, reflet extérieur de l'innocence de son âme.
— Elle fit le bien aussi avec un cœur d'apôtre, *cœur de
feu*, selon son expression, et de ce foyer ardent, allumé
aux flammes divines, que d'étincelles ont jailli, que
d'âmes ont été éclairées, échauffées du saint amour de
Jésus et de Marie!

TROISIÈME PARTIE

RETOUR DANS LA FAMILLE

CHAPITRE I

LA VIE DE FAMILLE

La veille de sainte Marthe, le 28 juillet 1892, Antoinette écrivait à sa mère : « C'est donc la dernière fois, maman « bien-aimée, que je vous dis de loin ce : *Bonne fête* « dans lequel je voudrais faire passer toute l'affection de « mon cœur. Depuis 1886, je ne me suis jamais trouvée « près de vous pour cette chère date du 29 ; mais vous « sentez que mon cœur n'en est pas moins là près, tout « près de vous, pour vous aimer toujours plus, et deman- « der à Jésus et à Marie immaculée de vous combler de « leurs grâces, et d'aider vos trois filles à faire votre « bonheur.

« Chère maman, n'est-ce pas aussi le jour de vous dire « le plus tendre merci pour toutes vos bontés ? A la veille « de quitter mon Belle-Croix, je me sens pressée de vous « remercier du fond de l'âme, ainsi que mon cher papa, de « n'avoir pas reculé devant bien des sacrifices pour me

« mettre au Sacré-Cœur. J'ai trouvé là des mères et des
« sœurs, j'ai été vraiment heureuse, autant qu'on peut
« l'être loin des siens. J'espère, chers parents, que le bon
« Dieu vous récompensera sans retard, en m'aidant à pro-
« fiter de tout ce que j'ai appris ici... Et maintenant, je
« vais revenir près de vous, je vais me donner avec bon-
« heur à cette douce vie de famille qui a toujours été mon
« rêve et mon désir !

« *A bientôt*, chère maman. Comme ce mot est doux !
« En attendant, priez pour moi pendant ces derniers jours.
« Je ne crains pas de vous dire qu'il m'en coûte de quitter
« mes maîtresses du Sacré-Cœur, car je sais que vous me
« comprenez ; vous savez par vous-même qu'il est
« impossible de ne pas s'attacher à des Mères qui sont si
« bonnes. »

Tous les sentiments d'Antoinette sont là dans cette
lettre : d'une part, les regrets légitimes donnés à ce Belle-
Croix, qui était comme la patrie de son âme ; l'affection,
la reconnaissance, qui remplissaient son cœur pour des
maîtresses tendrement aimées ; d'autre part, le bonheur
bien intime et la joie réelle à la pensée de rentrer dans ce
foyer chéri dont l'éloignement lui avait été pénible. Un
jour, en méditant son *Pater*, elle avait écrit : « Mon Dieu,
« si vous ne me faites pas arriver à n'avoir d'autre
« volonté que votre volonté, je serai toujours malheureuse
« ici-bas, puisque toujours je serai loin de quelque per-
« sonne aimée. » Les séparations pour elle étaient, en effet,
selon son expression, « des *arrachements violents* qui la

bouleversaient tout entière » ; mais, en quittant le Sacré-Cœur, elle emportait, comme un viatique fortifiant, l'amour et la soumission au vouloir divin, puis un désir immense de se donner tout entière au bonheur de ses chers parents

Pendant les dix-huit mois qu'elle va passer dans le monde, elle se consacrera sans réserve à la réalisation de son désir filial. Suivons-la d'abord sur les divers théâtres et dans les différentes circonstances où le Seigneur la conduit. Après avoir rappelé sa vie extérieure, nous pénétrerons de nouveau dans le secret de son âme ; nous y contemplerons l'œuvre de sa sanctification, à laquelle bientôt il ne manquera que la couronne de la victoire.

C'est au Ranquet qu'Antoinette rejoignit sa famille. Elle était au complet : avec les grands-parents, s'y trouvaient trois petits orphelins qui allaient être, de la part de leur cousine, l'objet d'une affection presque maternelle. Le retour définitif de la jeune fille au foyer fut une grande joie pour tous : elle était si charmante cette enfant de dix-sept ans ! Mais, bien mieux que toutes les qualités extérieures dont elle était douée, sa vertu aimable, son dévouement, sa piété justifiaient les éloges dont les siens pouvaient être fiers.

Faisons revivre une des journées d'Antoinette. Rien ne montrera mieux que, partout fidèle et généreuse, elle fut dans la famille, comme au pensionnat, une vraie Enfant de Marie. Son règlement porte : « Je me lèverai de bonne heure ; » nous savons que ce lever matinal lui assurait un temps précieux qu'elle consacrait à la prière et à l'amitié, car sa correspondance ne chômait guère.

Les frivolités du luxe, les raffinements de la mollesse, les hochets de la vanité ne trouvaient aucune place dans cette chambre de jeune fille, vrai sanctuaire de l'ordre, de la modestie et de la piété. Aussi lui était-il facile de s'y recueillir.

Chaque matin, agenouillée de façon à se trouver en face de l'église, Antoinette récitait pieusement sa prière, sans même chercher un appui pour ses mains, jointes avec respect. Elle se livrait ensuite à l'exercice de l'oraison, « exercice d'amour et de générosité, où l'âme se nourrit du pain substantiel qui doit être sa nourriture quotidienne, sous peine de tomber en défaillance sur le chemin du ciel. » Après sa méditation, elle notait son mot d'ordre, sa résolution pour le jour et, en deux ou trois lignes de sa grande et belle écriture, sa main fixait ce que son cœur avait promis. Pas de phrases sentimentales, ni de fades étalages de littérature féminine : elle avait mieux à faire ! Aider à tout ce qu'exige la tenue d'une maison ; visiter, surveiller, au besoin mettre la main à l'œuvre, être toujours là pour rendre service et faciliter toutes choses, c'était le merveilleux talent que lui donnait son cœur.

Vers le milieu du jour, elle savait trouver le temps de se recueillir pour faire son examen particulier, en noter le résultat, et retremper son âme dans la prière. — « Comment faites-vous ? lui disait un jour une de ses amies ; pour ma part, je trouve la chose *impossible*. » — « *Impos-*

« *sible*, répondit en souriant Antoinette, oh ! le mot n'est
« pas chevaleresque, saint Ignace ne l'admet pas dans son
« vocabulaire, ni moi non plus. Voyez, ajouta-t-elle plus
« sérieusement, nous aimons mieux dire : *Je ne peux pas*
« que : *Je ne veux pas ;* au fond je suis persuadée que les
« trois quarts de nos obstacles seraient enlevés d'emblée
« par une volonté un peu plus ferme. » — Puis, à un
regard d'admiration de son interlocutrice, elle répondit
modestement: « Je n'ai pas grand mérite à me suivre ainsi
« de près ; avec ma mauvaise nature, j'en sens plus que
« vous le besoin, et personne ne pourrait me supporter,
« si je me laissais aller un tant soit peu. » — Certes, le
support était aussi facile que l'humilité était sincère.

L'après-midi était consacré par Antoinette aux travaux
à l'aiguille : comme la femme forte, louée par l'Esprit-Saint,
elle taillait, cousait elle-même ses vêtements, d'un goût
toujours irréprochable ; les économies qu'elle réalisait
ainsi lui permettaient de satisfaire l'attrait de son bon
cœur : donner, soulager, être agréable à ceux qu'elle
aimait ; le cahier de ses comptes en fait foi.

La culture des arts d'agrément, piano et peinture,
entrait dans le cadre de son plan de vie ; ce qu'elle y
cherchait, c'était le plaisir des siens, plutôt qu'un passe-
temps ou une satisfaction personnelle. En cela, comme
en toutes choses, le devoir était sa règle.

La lecture avait également son heure : lecture spirituelle
d'abord, faite le plus souvent dans le *Manuel du chrétien*.
Les divins récits de l'Évangile, la parole inspirée des

Psaumes, l'*Imitation de Jésus-Christ*, étaient pour Antoinette ce que la manne était pour les Hébreux, un aliment
toujours adapté aux besoins du jour, et dont le goût céleste
ne s'affadissait jamais. Si de nombreuses occupations
avaient empêché la jeune fille de prendre, à l'heure indi-
quée, sa réfection surnaturelle, elle le faisait le soir
avant de s'endormir, mais jamais à ce moment un livre
profane ne fut choisi comme dernier compagnon, venant
distraire l'esprit des pieuses pensées qu'elle avait recueil-
lies en vue de sa méditation du lendemain. Ainsi que
l'abeille butine par avance le suc embaumé des fleurs,
dont elle doit faire son miel, l'âme chrétienne doit en
effet chaque soir s'imprégner des parfums célestes, afin
qu'au premier instant du réveil elle puisse comme respirer la bonne odeur du Christ, en attendant qu'elle se
nourrisse du rayon savoureux de ses exemples et de ses
vertus.'

Les lectures instructives et sérieuses eussent été une
des plus désirées jouissances d'Antoinette. Elle aurait
aimé à orner sa mémoire, à développer son intelligence,
à accroître le champ de ses connaissances ; mais, sur un
signe de sa mère, elle abandonnait son livre, et se livrait
joyeuse aux occupations qu'on lui indiquait: « C'est très
« bien ainsi, disait-elle, le bon Dieu veille lui-même sur
« le danger que j'aurais de me laisser entraîner par
« l'attrait de la lecture; il ne me laisse jamais le temps
« de jouir à mon aise. »

Quant aux livres récréatifs et intéressants, qui passion-

nent tant de jeunes imaginations, la chère enfant s'était
tracé cette règle : « Jamais rien qui puisse déplaire à ma
« Mère immaculée, rien que je ne puisse lire sous son
« regard très pur. » Elle tenait parole. Elle savait même
se mettre en garde contre ce qui aurait pu la surexciter,
par suite d'un intérêt trop vif : « Fermons le livre,
disait-elle, c'est le moment. »

Le chapelet, les prières de dévotion n'étaient pas
laissés à l'arbitraire. Tout était prévu, même l'imprévu,
et si l'heure fixée était remplie par un devoir plus urgent,
les exercices de piété pouvaient être remis, mais jamais
omis. « Je ne crois pas, écrivait-elle, avoir passé un
seul jour sans payer de bon cœur mes redevances à
Dieu. »

Était-elle moins gaie, moins livrée aux siens, après
ce consciencieux acquittement du tribut qu'elle s'était
imposé ? Non, la vraie piété dilate le cœur, et Antoinette
paraissait, au sein de sa famille, comme l'âme pleine de vie
qui anime tout autour d'elle.

Qui dira ce qu'étaient ces réunions du soir dans le
cercle intime du foyer ? L'humeur égale et enjouée de la
chère enfant donnait un tour heureux à la conversation ;
elle savait surtout faire valoir les trésors de chacun, et lui
procurer le plaisir de raconter, d'intéresser par le récit de
chers souvenirs. Le front de son père paraissait-il
soucieux ? C'était le général, c'étaient les zouaves, les
missionnaires, qui venaient un moment faire revivre le
passé. Sa mère était-elle attristée par quelque nouvelle

affligeante venue de Normandie ? Antoinette trouvait, par un mot, le moyen de faire renaître l'espérance, et de rappeler l'abandon à la volonté de Dieu. Devant une affection si respectueuse et empreinte d'un tact si délicat, tous ceux qui en étaient témoins disaient à l'envi : « Heureux parents ! »

On était également ravi de l'intimité parfaite qui l'unissait à sa sœur. La tendresse la plus vive et la plus profonde se fortifiait encore d'un sentiment d'admiration, qui lui faisait dire souvent : « Marie est mon idéal, elle a « toutes les qualités qui me manquent, c'est la perfection « que je voudrais imiter. » Aimer, apprécier sa sœur, c'était avoir un droit particulier à son affection. Pour son compte, elle eût volontiers sacrifié sa part de joie en ce monde, pour assurer « à son ange de Marie le bonheur qu'elle méritait si bien ». Antoinette était largement payée de retour. Ces deux sœurs n'avaient vraiment qu'un cœur et qu'une âme ; elles vivaient l'une par l'autre et l'une pour l'autre, mettant tout en commun pour procurer repos et jouissance à leurs chers parents, car c'était le rêve de leur mutuelle tendresse. Pareillement, que de complots fraternels pour préparer d'agréables surprises à leur chère Françoise, encore à Belle-Croix ! Enfin, dans les choses du ciel, comme dans les choses de la terre, l'entente était absolue, et les liens de la piété resserraient ainsi ceux de la plus étroite affection fraternelle.

Il y avait, en tout cela, de riches et précieux éléments

de bonheur; Antoinette en remerciait Dieu avec reconnaissance. Mais la vie commune, en famille ou ailleurs, n'est
une vie heureuse que si l'abnégation de chaque membre
concourt au bien général; la jeune fille ne pouvait l'ignorer
et, avant de quitter le Sacré-Cœur, elle s'était tracé ce programme : « M'oublier, me sacrifier, faire abstraction com-
« plète de moi, c'est ce que je dois faire sans cesse, pour
« être auprès des miens ce que je dois être. M'oublier, c'est-
« à-dire ne pas chercher ce qui me fait plaisir à moi, mais
« ce qui fait plaisir à ceux qui m'entourent ; ne pas re-
« pousser ce qui ne fait de peine qu'à moi; taire mes goûts,
« mes répugnances; souffrir en silence, avec Jésus, et sans
« que personne s'en aperçoive. Dans nos peines communes,
« oublier la mienne pour consoler celle des autres ; pa-
« raître toujours aimable, affectueuse et souriante. » Elle
confie ensuite ces résolutions au Cœur de Jésus et à sa
divine Mère ; peu de semaines après, un voyage à Lourdes
lui permettait de placer sous les auspices de Marie immaculée, son entrée dans la vie de famille.

« Lourdes est incomparable, écrit-elle à une de ses amies;
« on y respire une atmosphère de ferveur et de surnaturel
« qui fait un bien immense ; on se sent près, tout près de
« la sainte Vierge, et on comprend, on aime Marie comme
« on ne l'a jamais comprise et aimée. Lourdes est un petit
« coin du Ciel, son souvenir désormais embellira ma vie
« et viendra me consoler au milieu des douleurs et des
« luttes. Je n'essayerai pas de dépeindre notre arrivée à la
« grotte; pour moi, je ne pouvais plus ni chanter, ni prier,

« je regardais ma Mère immaculée, je lui répétais sans cesse
« que je l'aimais de toute mon âme, que je lui appartenais
« sans retour ! Après la messe, où j'ai eu le bonheur de
« communier, je me croyais au Ciel. Oh ! qu'il est bon Jésus
« donné par Marie ! Je n'oublierai jamais cette action de
« grâces ! »

La sainte Vierge devait ménager à sa chère enfant une
autre faveur ardemment désirée. Le 8 décembre la ramenait
à Belle-Croix, et l'on se souvient quel enthousiasme provoqua son retour parmi ses compagnes.

« Comme on l'aime ! » se disaient les nouvelles venues.
Parmi ses maîtresses, Antoinette trouvait bien des vides
et des changements. « Mais, écrivait-elle à ce propos,
« *mon* Sacré-Cœur est toujours *mon* Sacré-Cœur, et, alors
« même qu'il n'y aurait plus personne que j'aie connu à
« Belle-Croix, je serais heureuse d'y revenir, et de revoir
« cette chère maison qui me rappelle tant de grâces et
« de souvenirs. » Elle avait le droit de l'aimer, comme
le soldat aime le champ de bataille qui est devenu un
champ de victoire ; c'était là que cette vaillante enfant
avait conquis cette vertu aimable, qui maintenant la rendait si chère à Dieu et aux hommes. Près de l'autel où
elle avait promis de *vaincre* ou de *mourir*, elle renouvelle
son serment avec une ferme générosité.

Dieu lui donne bientôt l'occasion de retremper de
nouveau les armes du combat dans les exercices d'une
retraite. Ce fut au couvent de la Miséricorde de Billom,
où le R. P. M. vint prêcher aux Enfants de Marie de la

ville. Antoinette et sa sœur furent invitées. Le désir de leur sanctification personnelle, autant que le zèle du bon exemple, leur fit accepter avec joie. On était au mois de janvier. Le temps, exceptionnellement froid cette année-là, fut plus rigoureux encore durant les cinq jours que dura la retraite. Malgré la neige et le verglas, les jeunes filles franchissaient deux fois par jour le long trajet, et le matin, avant 6 heures, elles étaient là pour le premier exercice, heureuses d'acheter à ce prix le bienfait de la parole de Dieu.

Un instant Antoinette craignit que cette retraite n'empêchât celle de Belle-Croix, qui se donne tous les ans pour les anciennes élèves ; mais ses prières lui obtinrent cette grâce qu'elle appréciait au plus haut point. Nous verrons dans la suite les résultats divins de ces jours bénis.

Elle quittait le Sacré-Cœur pour se rendre auprès de ses grands-parents, après avoir fait une halte de quelques jours au Mans, près de sa tante, Mme de la Messuzière. L'heure de son arrivée coïncidait avec une crise générale d'influenza, dont maîtres et domestiques étaient atteints à la fois. Le moment était propice pour l'active et dévouée jeune fille : levée dès le point du jour, elle donnait à Dieu les premiers instants, mais sacrifiait l'assistance à la sainte Messe pour se donner tout entière à ses chers petits cousins.

L'intéressante famille, composée alors de cinq enfants, était attristée par les souffrances de la petite Marthe, qu'un mal de genou retenait captive dans une gouttière.

L'innocente simplicité et la douceur de cette fillette de quatre ans attiraient Antoinette. Pour distraire la malade, lui faire oublier son impuissance, elle la transportait dans ses bras d'un endroit à l'autre, la promenait dans sa voiture d'enfant; ou bien, par de pieuses histoires, éveillait dans ce petit cœur l'amour de Jésus et de la sainte Vierge.

Avec Charles, l'aîné de ses cousins, sa piété pouvait prendre un plus libre essor. L'enfant en était à la préparation immédiate de sa première Communion, et la foi d'Antoinette, ses propres souvenirs, lui faisaient comprendre l'importance de ce moment. Afin de graver dans son âme les pensées de la retraite et des instructions du grand jour, elle les transcrivit elle-même dans un joli cahier, destiné à rappeler de saints engagements. Le jour où Charles s'approcha de la sainte Table, on ne savait qu'admirer le plus, du recueillement joyeux de l'enfant, ou du bonheur angélique qui se lisait sur les traits émus de la jeune fille.

Les trois semaines passées au Mans suffirent pour former des liens très forts entre les chers petits et leur grande sœur, comme ils l'appelaient; mais une véritable intimité unit désormais Mme de la Messuzière et Antoinette. Cette sœur de sa mère a porté sur sa nièce un jugement où la plus tendre affection ne nuit pas à la vérité. Nous nous plaisons à le transcrire textuellement :

« J'avais laissé Antoinette adolescente, dit-elle, déjà « sérieusement bonne, et à coup sûr charmante. A son

« arrivée au Mans, en mai 1893, j'ai été comme éblouie
« par cet ensemble de grâce, de distinction, et d'un
« charme presque céleste qui semblait entourer la chère
« enfant. Pourrais-je jamais dire ce qu'elle a été pour moi
« et pour ma pauvre fillette ? Il faut l'avoir vue à l'œuvre,
« toujours patiente et dévouée, indulgente au possible, et
« avec cela, conservant cet esprit juste et raisonnable qui
« n'était pas un de ses moindres mérites. Rien ne semblait
« lui coûter pour m'éviter une fatigue, faire du bien, ou
« simplement réjouir notre petite malade. Elle l'amusait
« en déployant pour elle - sa gaieté d'autrefois, qui
« n'excluait plus jamais le calme ; elle lui apprenait des
« cantiques à la sainte Vierge, dont nous gardons pieu-
« sement le souvenir »... « Sa foi et sa tendresse furent
« également une bénédiction pour nous tous, au moment
« de la première Communion de mon petit Charles.
« Antoinette m'a appris à parler au bon Dieu, disait cet
« enfant, et elle jouissait, d'une façon inouïe, du dévelop-
« pement de la piété dans cette jeune âme. »

En quittant le Mans, la jeune fille se rendit en Normandie, dans ce cher manoir de Torchamp pour lequel elle
éprouvait un véritable culte. Là, comme au Ranquet, elle
vécut pour les siens. Apporter un peu de joie à cette maison visitée par la douleur, rendre heureux ses grands-
parents, se dévouer pour faire plaisir à tous, tel était son
désir ; et son cœur n'épargna rien pour l'atteindre.

Le souvenir de sa tante, la vicomtesse René Doynel,
enlevée prématurément en 1890, fut ravivé, dans ces lieux

où elle avait vécu, et où Dieu avait placé sa tombe auprès d'un berceau. Antoinette, qui aimait la pensée sérieuse de la mort, faisait de pieux pèlerinages à cette chambre où la jeune femme avait rendu le dernier soupir, laissant un mari inconsolable et trois pauvres orphelins... Un jour, auprès du lit qui avait été la couche funèbre, quelques strophes émues traduisirent ses sentiments, que bien des mois écoulés avaient pourtant laissés aussi vifs qu'au premier jour.

« Bien souvent, disait-elle,

> Les bonheurs d'ici-bas sont précurseurs des larmes ;
> Mais à travers ses pleurs, heureux qui voit le Ciel ! »

Au moment de cette mort si douloureuse, Antoinette, avec sa générosité accoutumée, avait demandé à Dieu d'échanger sa vie pour celle de sa tante ; mais le Ciel ne l'ayant pas exaucée, elle voulut du moins se dévouer, dans la mesure du possible, auprès des jeunes orphelins. Olivier l'avait eue au Ranquet comme première institutrice, et sa régularité parfaite, sa patience à toute épreuve, lui avaient donné un ascendant extraordinaire sur cette petite nature exubérante de vie et de mouvement. L'aînée des fillettes était déjà au Sacré-Cœur ; la seconde fut, à Torchamp, l'objet de tous les soins d'Antoinette.

Bientôt l'antique demeure se peupla de toute la petite famille du Mans, et ce fut une joie pour la tante et la nièce de revivre ensemble. Pour les enfants, retrouver leur cousine, fut aussi un vrai bonheur. Charles, depuis sa première Communion, la regardait comme son bon Ange visible, et « son plaisir, nous dit sa mère, était de tout « laisser pour aller avec elle réciter pieusement son cha- « pelet, et écouter ses paroles, qui allaient droit à son « cœur. A son tour, le petit étourdi racontait mille choses « aux oreilles complaisantes de cette incomparable amie, « qui prêtait à tout un intérêt des plus encourageants. »

La chère malade attirait plus encore Antoinette. Que d'heures elle passa auprès de Marthe, veillant avec sollici- tude lorsque la souffrance devenait plus forte ! Une mère n'eût été ni plus dévouée, ni plus affectueuse, et c'est bien une sorte de sentiment maternel que la jeune fille garda jusqu'à la fin pour cette enfant.

Lorsqu'il fallut quitter Torchamp, les adieux furent pénibles. Pour se donner du courage, on se disait : « au « revoir... » Qui eût dit alors que ce revoir n'aurait lieu que dans la vraie patrie !...

« L'impression laissée par Antoinette dans ce voyage fut « vraiment extraordinaire, nous écrit sa tante. Ceux qui « la voyaient si pieuse à l'église, si attrayante et si sym- « pathique partout ailleurs, jugeaient bien vite que cette « jeune fille n'était pas comme tout le monde. Dans le « sanctuaire de la famille, c'était un trésor de bonté et de « dévouement En tout et pour tous, elle était aimable et « indulgente ; les domestiques la vénéraient, et l'opinion « générale était qu'une personne aussi parfaite ne pourrait « rester sur le terrain commun. »

En reprenant le chemin de l'Auvergne, des haltes à Marmoutier et à Belle-Croix furent ménagées aux deux jeunes filles, toujours désireuses de passer quelques moments dans leur cher Sacré-Cœur. A Moulins, Antoinette et deux de ses plus intimes amies s'étaient donné rendez-vous. A la dernière heure, le projet semble compromis, et la voyageuse trace à la hâte ces quelques mots : « Abandonnons tout à Dieu et espérons... Il est si bon « et la sainte Vierge si puissante ! Mais si le sacrifice est « demandé, faisons-le généreusement. » Il le fut, et le soir même de son arrivée au Ranquet, sa plume active et affectueuse écrit ces lignes si empreintes de surnaturel : « Jésus nous aime, il sait ce qu'il nous faut.... S'il « choisit le sacrifice, c'est qu'il veut ainsi nous rapprocher « de lui.... Laissons-le faire et livrons-nous à son cœur ! « *Courage*, mes chères amies, *courage !* Pour mon « compte, j'ai très souvent besoin de me dire ce petit mot « à moi-même, et je le redis maintenant en face de notre « sacrifice, que la pauvre nature trouve dur, bien « dur ! »

Dieu allait lui en demander d'autres. Ce furent d'abord les inquiétudes au sujet de sa chère petite Marthe, dont son esprit et son cœur restaient continuellement occupés. Deux jours avant une cruelle opération que la pauvre enfant devait subir, Antoinette écrit à sa tante : « J'ai sans cesse « devant les yeux l'image de notre bien-aimée cousine, « et je ne puis penser à autre chose qu'à elle et à vous « tous. Pauvre petit ange ! comme je serais heureuse de

« souffrir à sa place !... Je le mériterais, moi qui ai si
« souvent offensé le bon Dieu ; mais elle ! son âme est si
« pure, si belle ! C'est ainsi que Jésus l'aime ; ses souf-
« frances le prouvent une fois de plus ; nous le savons,
« le bon Maître n'a pas de meilleure marque d'amour
« pour ses privilégiés. Ce matin, j'ai fait pour notre petite
« Marthe une croix que je joins à ma lettre ; elle y verra
« un Enfant Jésus qui lui tend les bras, et qui, lui aussi,
« est couché sur la croix comme notre pauvre chérie,
« et semble lui dire : « Je viens à toi pour que nous
« souffrions ensemble !... »

Les lettres d'Antoinette la révèlent si bien, que nous ne
résistons pas au plaisir de la lire elle-même. Au commencement de novembre, une retraite donnée à Clermont par
le R. P. M. attirait les deux jeunes filles, mais ce que
voulait notre chère enfant par-dessus tout, c'était ce que
désirait sa sœur... Aussi, après la décision prise, elle écrit
au Mans : « Décidément je ne vais pas à la retraite, mais
« tout est pour le mieux puisque Marie est contente. Je
« puis compter, pour moi, sur celle de Belle-Croix, et le
« bon Dieu, qui arrange toutes choses, s'arrangera aussi
« de manière à me sanctifier en temps et lieu.

« C'est jeudi à 2 heures que Marie entre en retraite ;
« elle ne couchera pas au couvent, mais bien chez les
« chères amies de l'Hermite qui l'ont demandé avec tant
« d'affection que maman a permis à Marie d'accepter. »

Au sortir de cette retraite, Marie tomba sérieusement malade ; des jours douloureux commencèrent pour

Antoinette, car voir souffrir sa sœur, sentir l'inquiétude
de ses parents, c'était une vraie torture pour sa tendresse.
Mais, dominant sa peine, elle fut garde-malade parfaite,
ingénieuse à deviner ce qui pouvait soulager, empressée
à donner ses soins, et n'épargnant rien pour procurer la
plus petite satisfaction. Calme et gaie, sa vue faisait du
bien. Une de ces bonnes paroles dont elle avait le secret,
réconfortait l'âme et sanctifiait la souffrance. « Plus on
« souffrait autour d'elle, dit sa mère, plus son affection
« semblait grandir, et son incomparable tendresse la ren-
« dait compatissante, dévouée et précieuse au possible. »

Avec cela, ignorante d'elle-même et de ses dons, Antoinette portait cette croix intime de son inutilité : « Je
« ne suis bonne à rien, disait-elle ; je ne suis pas une
« personne de ressource, » et cette illusion, fruit de son
humilité, l'aveuglait totalement sur son mérite.

Elle sentait vivement aussi l'impuissance de procurer le
bonheur à ceux qu'elle aimait. Que de fois elle confiait
cette peine à sa tante de la Messuzière ! Moi qui serais si
« heureuse de me sacrifier tout entière ! lui écrivait-elle,
« dire que je ne puis rien, rien !... »

Elle ne pouvait rien, ou peu de chose sur notre pauvre
terre, c'est vrai. Mais l'ange ne tardera pas à s'envoler
au Ciel. Alors se fera sentir sa douce influence : sa famille aimée en éprouvera les heureux effets, à commencer
par sa chère petite Marthe. Sa « grande sœur » n'était
pas encore dans la tombe, qu'un mieux extraordinaire se
produisit soudain, et la fillette se mit à marcher comme

elle ne l'avait jamais fait. Cette grâce fut suivie de beaucoup d'autres. Si bien que toutes les fois que quelque chose de consolant vient dilater ses parents affligés, ils regardent le ciel en disant : « C'est Antoinette qui nous sourit!... »

CHAPITRE II

VIE INTÉRIEURE

Le moment est venu de pénétrer plus avant, comme nous l'avons annoncé, dans le secret de cette âme, où nous pourrons respirer un parfum d'innocence et de ferveur, conservé intact au sein de la famille et du monde, comme au sanctuaire béni du Sacré-Cœur.

« Notre existence est double, dit un éminent auteur (1), il y a l'existence que l'on voit et celle qu'on ne voit pas : cette dernière infiniment plus intense que l'autre »... plus mystérieuse aussi... Rien ne serait beau comme la claire vision de cette vie intérieure d'une âme unie à Dieu, et tout imprégnée de l'onction de la grâce; mais ces spectacles ne sont pas de la terre, et nos regards ne sauraient en soutenir l'éclat. Essayons au moins de fixer, par leur côté pratique, quelques-uns des reflets produits par le rayonnement divin.

(1) Mgr Baunard, *le Cardinal Lavigerie.*

Chacun de nous possède Dieu au dedans de lui-même. Il y est comme Créateur, comme Père, comme Ami, et il demeure tant que la charité lui garde pur le temple qu'il daigne habiter. *Il demeure*, mais combien peu restent avec lui ! Combien peu ont la foi assez vive pour être saisis par cette pensée, et l'amour assez fort pour résister au tourbillon des futilités, s'arracher à toutes les entraves, et se fixer dans cette société divine qui nous est offerte !

Antoinette fut du petit nombre des privilégiés ; cette enfant de 18 ans avait compris la beauté de la vie intérieure ; elle en avait l'attrait, développé par la pratique, et comprenait à peine que l'on pût s'en passer, tant c'était pour elle l'élément vital.

Au moment de quitter son cher et saint asile du Sacré-Cœur, elle s'était recueillie dans un fervent *triduum*, pour se préparer à une vie nouvelle. Elle en sortit, résolue à être plus que jamais *ange et apôtre*. C'est son but, sa raison d'être, son ambition unique et suprême.

Or l'*Ange vit pour Dieu, il vit avec Dieu, il vit de Dieu.* Voilà toute l'histoire intime de l'âme d'Antoinette. Elle vivra, elle aussi, pour son Père qui est dans les cieux ; pour son Jésus du tabernacle, centre de ses affections ; pour l'Hôte divin qui habite en son cœur, et que son regard cherche sans cesse.

« Je dois servir Dieu, écrit-elle ; mais servir en
« donnant le strict nécessaire, ce n'est pas assez ; je veux
« donner avec la générosité et la délicatesse de l'amour ;
« je veux, en toutes choses, chercher à faire plaisir au

« Cœur de Jésus. Pour mes devoirs d'enfant de Dieu et
« mes exercices de piété, je ferai le plus que je pourrai : je
« prierai *beaucoup,* je prierai sans cesse et de mon mieux.
« Puis je vivrai *avec Dieu,* unie à lui par le cœur. Au
« dedans de moi-même, je me ferai un sanctuaire où je
« trouverai Jésus, et aux pieds de Jésus la force dans
« l'épreuve, le courage en face de l'ennemi, la persévé-
« rance dans une lutte incessante. La Communion reçue
« souvent nourrira mon âme de la chair sacrée, du sang
« divin de *Celui qui fait germer les vierges.* » Ainsi elle
restera l'hostie pure, l'hostie sainte et immaculée qu'elle
veut offrir à Dieu par les mains de la Vierge sans tache.

Cependant, en face de ses résolutions et de sa faiblesse,
la jeune fille frémit et tremble. « J'ai peur, dit-elle. Oh !
« si j'allais être infidèle, si j'allais ne pas donner à
« Jésus tout ce qu'il attend de moi !... si j'allais n'être pas
« vaillante au service du meilleur des chefs !... si j'allais
« l'offenser !... Oh ! mille fois mourir plutôt que me
« souiller ! Non, mon Dieu, je ne veux pas avoir peur ; si
« ma faiblesse m'effraie, votre puissance me rassure : « *Je
« puis tout en celui qui me fortifie.* » Toujours vous serez
« avec moi, ô mon Jésus, et toujours sur mon cœur se
« posera, comme un bouclier, ma chère, ma bien-aimée
« médaille d'Enfant de Marie. Avec Jésus et sa Mère, avec
« ma croix et mon lis, je puis entrer sans crainte dans la
« grande lutte de la vie. »

Elle y entra, et ses notes spirituelles, prises au jour le
jour, attestent que sa volonté ne se démentit jamais, et que

les armes ne tombèrent de ses mains qu'à son dernier soupir. Tout lui sert pour s'activer dans cette voie de pureté, de sacrifice où elle veut marcher : méditations, fêtes, communions, plaisirs, joies, difficultés ; autant d'aiguillons qui la pressent d'avancer. Les défaites de la veille ou de la matinée, le caractère des personnes avec qui elle se trouve, ses moments de ferveur, et plus encore peut-être ses heures de tristesse, tout devient moyen pour cette âme, sensible au moindre souffle d'en-Haut. Ne résistons pas au besoin de nous édifier par quelques-unes de ces notes.

9 août 1892.

« Je vivrai unie à Notre-Seigneur et je dirai très souvent, en me rappelant ma méditation : *O Jésus, soyez aimé !* Oui, qu'il soit passionnément aimé de sa petite Antoinette. »

12 août.

« Jésus est maître, père, ami... Jésus est *tout*..... tout ce dont mon cœur a besoin... Aujourd'hui, bien agir *pour* Jésus et *avec* Jésus ! »

15 août.

« O ma Mère immaculée, que ne puis-je vous suivre au Ciel !... Journée de ferveur sur toute la ligne. »

22 août.

« Je me suis confessée, j'ai communié. Merci, Jésus !

Aujourd'hui je serai plus unie à vous ; plus *ange*, dans mes rapports avec les autres. Calme, douceur, sérénité... »

5 septembre.

« *Manete in dilectione mea.* » Demeurez dans mon amour. » *Manete*... Je passerai ma journée dans le Cœur de Jésus, réchauffant mon cœur à ce divin foyer. »

19 septembre.

« Jésus était *doux de cœur.* — Je veux absolument être douce et gracieuse avec tout le monde. — J'ai communié ce matin, *donc je puis me vaincre.* »

24 septembre.

« J'entendrai la voix intime du Maître me dire : Suis-moi, au devoir, au sacrifice. En face d'une difficulté, je dirai joyeusement : Vive Jésus ! *Dominus est !* C'est lui ! »

10 octobre.

. « *Tecum Jesu.* « Avec toi, Jésus ! » Penser souvent que Notre-Seigneur est toujours avec moi, toujours à mes côtés... Quand je prie, quand je lutte, quand je souffre : *Tecum !* »

18 novembre.

« *Deus pacis !* « Dieu de paix ! » Jésus désire, veut l'union des cœurs... Pardon, mon bon Maître, d'être si orgueilleuse, si lâche, si méchante. Je veux vous consoler ce soir de la peine que je vous ai faite ce matin. Au moins sept victoires, par amour. »

10 décembre.

« Que vous êtes bon, Jésus, de m'avoir fait tant de plaisir ! Oh ! je veux lutter et souffrir avec courage. Je veux être meilleure pour mieux vous dire : Merci ! »

13 décembre.

« Suis-je fervente ? Non. — Est-ce que je veux le devenir ? Oh ! oui, Jésus. Aujourd'hui je serai très joyeuse, *parce que je n'en ai pas du tout envie.* »

La retraite, suivie à Billom en janvier 1893, fut regardée par Antoinette comme une halte spirituelle, où elle reprit des forces pour attendre les jours de grâce et de lumière qu'elle espérait avoir à Belle-Croix au mois de mai. « D'ici là, écrit-elle, je veux, ô Jésus, me vaincre « et vous consoler ; tendre à être davantage ange et « apôtre. O ma Mère immaculée, que j'aime de plus en « plus, apprenez-moi à aimer Jésus, à m'immoler pour lui. »

Cette immolation, dont on sent grandir l'attrait dans ce cœur aimant, la jeune fille savait se l'imposer jusque dans ces consolations de la piété dont les âmes les plus saintes ont tant de peine à faire le sacrifice. Habituée aux secours extérieurs, si abondants dans une maison religieuse, elle fut grandement privée dans les mois qu'elle passa à la

campagne ; mais sa piété aimable ne s'imposait pas, et,
sur ce point comme sur tant d'autres, dit sa sœur, elle
savait se plier aux circonstances, et renoncer à ses désirs
les meilleurs, sans même les laisser paraître.

Lorsque la course jusqu'à Billom était possible et autorisée, nulle difficulté n'aurait arrêté l'intrépide enfant ;
heure matinale, mauvais temps, fatigue, tout cela était
peu pour sa foi, et la Messe, la Communion, c'était tout !
Avec quelle angélique ferveur elle s'approchait de la
Table sainte ! Bien des témoignages ont été rendus sur ce
point. Des hommes et des femmes du monde ont déclaré
avoir été profondément émus, et remués jusqu'au fond de
l'âme, à la vue de cette jeune fille si fervente dans sa
prière, si absorbée dans son action de grâces, qu'on eût
dit un Ange en adoration devant le Dieu caché.

Pendant qu'Antoinette édifiait ainsi les créatures, elle
ravissait le Créateur lui-même par l'ardeur de son amour,
qui surmontait l'angoisse et la désolation : « O Jésus,
« disait-elle à Celui qui l'éprouvait, si je ne sens pas votre
« divine présence ; si vous voulez que je souffre et dans
« mon cœur et dans mon âme ; que je sois immolée tout
« entière ; oh ! je vous en conjure, faites que je vous aime,
« *malgré tout*, que jamais je ne doute de vous, et que je
« croie fermement que vous ne m'abandonnerez pas. »
Puis, se tournant vers sa Mère immaculée, elle lui disait :
« Ayez pitié de votre pauvre enfant ! Aimez Jésus pour
« elle ; apprenez-lui à aimer, et à ne pas même désirer les
« consolations de l'amour. »

Une piété si forte devait nécessairement produire des fruits au dehors, et un de ceux qui nous semblent le plus savoureux à cueillir, c'est ce recueillement habituel d'une âme habitée et guidée par le Saint-Esprit. Tous ses actes étaient frappés à cette effigie de l'union divine. « Je ne puis pas me souvenir, dit sa mère, de l'avoir vue une seule fois, depuis sa sortie du pensionnat, perdre un instant cette paix, cette dignité que nous admirions, son père et moi. Cette enfant bien-aimée était sans cesse en la présence de Dieu, et sous le regard de sa Mère immaculée. »

Elle autrefois si vive, si brusque, si impérieuse, était donc devenue, sous l'action de la grâce, d'un calme, d'une possession d'elle-même qui frappaient tout le monde. Dans les visites, les réunions, elle conservait ce maintien modeste, cette expression angélique et charmante qui la faisaient remarquer. « Je la vois encore, nous dit-on, aux deux soirées dansantes auxquelles elle a assisté. Comme elle était simple et gracieuse, tout en étant plus recueillie et plus réservée que jamais ! Elle s'amusait cependant, mais doucement et sous le regard de Dieu. Sur ses yeux, sur ses lèvres et sur son cœur, Antoinette avait vraiment posé le sceau de la plus aimable modestie. »

Dans ses relations plus intimes, son entretien était joyeux, mais sa gaieté ne lui faisait oublier ni l'humilité qui s'efface, ni la charité qui se dévoue, ni l'indulgente bonté qui excuse le prochain, et ne se permet jamais le blâme ou la critique. Ses amies avaient remarqué qu'avec elle les absents n'avaient jamais tort ; son bon cœur était leur avocat d'office, et toujours leur cause était gagnée. C'était là une des résolutions d'Antoinette.

En voici une autre, qui nous initie davantage à la vie intérieure de la sainte enfant : « Je puis me prêter aux créatures, mais je ne dois me donner qu'à Jésus, » et comme gage de ce don total et absolu, elle offrira chaque jour 'un *sacrifice de cœur :* ce sera un sourire ou un baiser dont elle se privera, une lettre affectueuse non relue, un cher souvenir sacrifié ; quelque chose enfin qui dise au Dieu jaloux : Je suis jalouse moi aussi de vous prouver ma tendresse... Seule une âme généreuse et délicate a de ces inspirations qui jaillissent de l'amour comme le ruisseau de sa source. Peu à peu, le divin Maître demanda davantage à Antoinette, le sacrifice quotidien se multiplia jusqu'à sept, en l'honneur des sept glaives transperçant le cœur de Marie désolée.

En somme, l'insatiable désir de cette âme, qui aspirait à la pureté parfaite, c'était de plaire à Dieu, de lui plaire absolument, de lui plaire toujours, et elle avait soif de sacrifice autant que de pureté, car elle savait que la souffrance purifie. On peut donc dire que l'ange a traversé le monde sans ralentir son vol vers le Ciel, sans frôler de son aile les souillures de la terre, sans cesser un seul instant d'aimer Celui qui était ici-bas, comme là-haut, son centre et sa fin.

CHAPITRE III

APOSTOLAT

« Ange pour soi, apôtre pour les autres » : tel était
le programme de perfection d'Antoinette. Sa vie surnaturelle débordante ne pouvait rester sans s'ouvrir une
issue, et la charité, la bonté la plus exquise émanaient
de son cœur pour se répandre au dehors.

Avant de quitter Belle-Croix, elle avait dit, avec sa
précision accoutumée : « Je veux me faire toute à tous
« pour attirer à Jésus-Christ. Par mon exemple, je m'effor-
« cerai de rendre la piété, la vertu aimables, et, par
« tous les moyens, je tendrai à faire aimer davantage
« Jésus, son divin Cœur et ma Mère immaculée. Pour
« que mon mauvais caractère ne soit pas un obstacle, je
« continuerai à me travailler comme au pensionnat ;
« toute mon application sera de devenir douce et humble,
« de m'oublier, pour que Jésus vive *en* moi et *par* moi.
« Au lieu de chercher à paraître mieux, et meilleure
« que je ne suis, je m'effacerai pour faire ressortir mes

« sœurs et les personnes qui m'entourent. *Aimer à être*
« *inconnue et réputée pour rien* (Imitation de Jésus-Christ).
« *Il faut que Jésus croisse,* que les autres paraissent, *et*
« *que je diminue.*

« Vis-à-vis des domestiques, je serai bonne et indul-
« gente ; jamais de ton impératif, jamais d'exigences ; par
« un mot dit à propos, chercher à leur faire du bien. Me
« servir moi-même le plus possible. »

La dernière résolution, à laquelle son esprit de foi lui
fait attacher une grande importance, est celle d'une soumission filiale à l'Église, et d'un grand respect dans sa
manière de parler de ses lois et de ses ministres. « Toute
« autorité vient de Dieu, écrit-elle, donc c'est toujours à
« Dieu que j'obéis en la personne de ses représentants :
« l'Église, les prêtres, mes parents. L'Église ! oh !
« qu'elle soit de plus en plus l'amour de mon cœur ! Fille
« de zouave, zouave moi-même par le désir et par l'âme,
« je dois aimer tout ce qu'elle aime, condamner tout ce
« qu'elle condamne, et ne me permettre jamais de blâmer
« ou de juger ce qu'elle enseigne, ce qu'elle fait, ce qu'elle
« dit par des voix autorisées. » Fécond apostolat que celui
du respect dans un siècle qui ne respecte rien !

La charité trouva aussi chez Antoinette une auxiliaire
intelligente et dévouée ; elle soulageait le corps pour faire
du bien à l'âme. Dans les déshérités d'ici-bas, le regard
de sa foi découvrait Notre-Seigneur Jésus-Christ lui-
même, dont ils sont les membres souffrants ; aussi les
traitait-elle avec de religieux égards.

On se souvient encore au Ranquet de la manière dont elle accueillit une pauvre femme, infirme et âgée, qui était venue remercier la famille des bontés dont elle avait été l'objet. Une grande dame n'eût pas été traitée avec plus de déférence par la jeune fille ; au moment du départ, elle lui offrit son bras avec une bonne grâce tout aimable ; en l'aidant à marcher, elle lui parlait avec affection, et jetait dans son âme quelques bonnes paroles, inspirées par son cœur et sa foi.

Une autre fois, après un terrible accident de voiture, une femme entra au château. Elle avait à la tête une plaie affreuse, causée par la roue d'une charrette, ayant creusé un large et profond sillon.

C'était, pour notre charitable enfant, une bonne occasion de se dévouer. Elle-même donna les premiers soins, et lorsque le médecin arriva, elle lui servit d'aide, et suivit avec sang-froid tous les détails du pansement. « Quelle « excellente sœur de charité ! » disait le docteur, étonné et plein de reconnaissance. Quelques jours après, la malade revint ; sa tête faisait pitié et laissait échapper une odeur repoussante. Il y avait de quoi mettre à l'épreuve la jeune sœur hospitalière ! Surmontant toute répugnance, elle lave la blessure, coupe les cheveux, refait le pansement et occupe pendant ce temps la pauvre malade de pieuses pensées qui l'encouragent à souffrir. Plusieurs fois, il fallut renouveler l'opération : la douce infirmière le fit avec une charité qui ne se démentit pas.

Un peu plus tard, nous la retrouvons avec les deux

enfants qui, sur la route de Billom, partageaient autrefois
son déjeuner. Elles étaient arrivées au Ranquet dans un
état de misère et de malpropreté qu'Antoinette ne put voir
d'un œil indifférent ; son éloquence persuasive obtient de
ses parents toute permission, et elle se met à faire la toi-
lette de ses deux protégées. La besogne fut longue et
pénible. Quand elle fut achevée, Mme de Ranquet pria
sa fille de laisser au moins à d'autres le soin de remettre
en ordre les choses dont elle s'était servie ; ce fut en vain ;
celle-ci ne voulut imposer à personne le surcroît de travail
qu'occasionnait sa charité.

Ses visites aux vieillards des Petites Sœurs des Pauvres
ont laissé des souvenirs ineffaçables : « Je la vois encore,
« nous dit une personne qui l'admirait en silence ; elle
« avait adopté, dans l'infirmerie des femmes, les deux
« vieilles les plus infirmes, et elle leur servait à dîner avec
« des précautions infinies, découpant la portion, sou-
« tenant le verre, s'apitoyant sur leurs maux, parlant du
« bon Dieu doucement, simplement, comme elle savait le
« faire. A genoux devant l'une, elle lui rendait d'humbles
« services, et lui souriait presque comme une enfant à sa
« mère. C'était beau et attendrissant, et les yeux se
« mouillaient de pleurs ! »

Si les souffrances physiques faisaient éprouver à Antoinette une tendre compassion, les peines et les afflictions
de ceux qu'elle aimait lui étaient plus sensibles encore.
Non seulement elle y prenait une part réelle, mais elle y
entrait tout entière. Elle s'affligeait réellement avec les

affligés, tellement qu'on eût dit que la peine des autres
était la sienne. Son cœur, bon et délicat, lui dictait alors
des paroles ou des lettres qui le laissent voir à travers
leur transparence. La pensée du ciel, plus que toute autre,
lui sert pour consoler et faire accepter la croix ; c'est son
apostolat céleste en face de la douleur. « Le ciel est si
« beau, disait-elle, qu'il faut le faire désirer à tous, mais
« surtout à ceux qui pleurent. »

« Nous avons appris hier au soir, » écrit-elle à deux de
ses amies, « que le bon Dieu venait de rappeler votre
« pauvre tante M. Ce nouveau malheur, quoique prévu
« hélas ! n'en est pas moins pénible, et renouvelle bien des
« tristesses parmi vous. Il vous faut souvent regarder le
« Ciel pour retrouver ceux que vous avez aimés, et qui vous
« ont précédées là-haut, et quand, les larmes aux yeux,
« vous pouvez compter les places vides à votre foyer, oh !
« comme alors vous avez besoin du bon Dieu pour vous
« consoler ! Jésus vous traite comme ses amies, ses fidèles,
« sur qui il sait pouvoir compter ; mais, en ravissant à votre
« tendresse tant d'êtres chéris, il veut être lui-même
« votre appui et votre consolation. »

Et encore : « Vous êtes entourées de bien des tris-
« tesses, mes pauvres amies, et le bon Dieu vous éprouve
« terriblement en frappant les vôtres. Dans les fa-
« milles unies, la douleur des uns devient la douleur de
« tous... Oh ! qu'il fait bon, n'est-ce pas, regarder le Ciel
« et penser à l'éternelle réunion !... Notre tour viendra,
« bientôt peut être... Aimons la volonté du bon Maître,

« n'est-ce pas, mes amies chéries, et demandons à notre
« Mère Immaculée de nous apprendre à dire notre
« *Fiat...* »

Par sa correspondance, Antoinette fut vraiment apôtre,
et ses lettres à ses amies sont le type sur lequel on voudrait voir se modeler le style d'une Enfant de Marie. Sa
plume sait poser sur un fond sérieux mille détails racon-
tés avec enjouement ; les chers souvenirs du pensionnat
sont sans cesse évoqués ; sa reconnaissance pour ses
maîtresses est exprimée avec le plus tendre et le plus filial
respect ; ses sentiments affectueux sont rendus d'une
manière toujours nouvelle; enfin elle a l'art de provoquer
le bien en s'y excitant elle-même. Du reste, dans ses lettres,
comme dans ses conversations, son âme toute d'élan
échappe vite aux riens de la terre, pour remonter dans cet
élément surnaturel où elle vit par sa piété. Dans la plu-
part de ses pages, on pourrait souligner les noms de *Jésus*
et de *Marie*, et cette pensée du *Ciel*, horizon fixe, toujours
sous son regard. « La correspondance d'Antoinette me
vaut une retraite du mois, » disait une de ses anciennes
compagnes. Il est certain que la chère enfant a fait passer
là un souffle de ferveur qui élève l'âme et l'active dans la
voie du bien.

A une amie qui va quitter pour toujours le pensionnat,
elle écrit: « Faut-il vous avouer, ma chère V., qu'il m'en
« coûte de vous écrire aujourd'hui? Vous me comprenez ;
« cette lettre est la dernière que vous recevrez de moi à
« Belle-Croix, et il faut que je vous dise adieu ! Voilà ce

« qui me coûte, et beaucoup, je vous assure, car je sens ce
« que sont pour vous ces derniers jours. De tout mon
« cœur, je prie pour vous, ma sœur chérie, je sais par
« expérience qu'on a grand besoin de force et de courage
« à ce moment-là... Le cœur tremble en face de l'inconnu
« qui peut-être, à vous comme à moi, apparaît sous des
« couleurs plus sombres que brillantes. Oui, ma chère
« V., on a raison de s'attendre à plus de peines que de
« joies, et il n'est pas nécessaire d'avoir beaucoup vécu
« pour avoir déjà bien souffert. Mais je m'aperçois que je
« vous attriste au lieu de vous consoler, et je vous en de-
« mande pardon, ma chérie. Disons plutôt ensemble
« combien Jésus est bon, et mettons en lui toute notre
« confiance. Si, à un âge où tout devrait nous sourire, nous
« entrevoyons déjà la vie sous son vrai jour, c'est-à-dire
« avec ses devoirs, ses luttes et ses sacrifices, pourquoi ne
« pas remercier le bon Maître qui le permet ainsi, et nous
« bien persuader que si Jésus n'est jamais sans sa croix, la
« croix également n'est jamais sans Jésus?

« Pensez un peu à moi à la Messe d'adieu, et en dépo-
« sant votre couronne sur l'autel de *Mater Admirabilis*. Sans
« cesse, lorsque je suis seule, je me surprends à chanter
« le « *Rendez-vous du ciel.* . » Oh! oui, que pas une n'y
« manque, et qu'il fera bon se retrouver là-haut! J'espère
« que le bon Maître permettra que nous nous retrouvions
« encore bien des fois avant le grand jour, et je le lui de-
« mande souvent. Je ne veux pas me dire: Quand nous
« reverrons-nous? car la réponse n'est pas du tout au gré

« de mon cœur; j'aime mieux confier tout cela à Jésus,
« qui connaît si bien nos désirs et qui est si bon. »

A une de ses compagnes qui vient de prononcer sa consécration à la très sainte Vierge : « Combien j'ai hâte
« de vous dire ma joie et de chanter le *Magnificat* avec
« vous ! Ma petite Anne est donc Enfant de Marie ! Si
« vous saviez comme cette pensée me rend heureuse !
« Je remercie notre Mère immaculée avec vous, et je
« lui demande de vous aider à être toujours une vraie,
« une sérieuse Enfant de Marie, forte dans la lutte, fidèle
« au devoir, généreuse en face du sacrifice. J'ai la préten-
« tion de vous connaître un peu ; je sais que, par goût,
« vous n'aimez pas la médiocrité, et certes vous avez bien
« raison! » Comme le Père de Ravignan, dont elle aimait
la lecture, Antoinette se disait à elle-même et disait à ses
amies : « Au plus haut, au plus beau, au meilleur, pour
mieux aimer et mieux servir Jésus et Marie. »

Ses confidences, aux jours de tristesse, lui gagnaient
davantage encore l'affection, mais montrent aussi que la
prière était toujours le rayon consolateur qui ramenait la
paix. « Je sors d'une petite tempête spirituelle, écrit elle ;
« hélas! vous le savez, les gros nuages noirs sont
« fréquents, et alors tout devient sombre chez moi. Je
« m'ennuie de vivre, je m'ennuie de tout, et surtout de
« moi-même ; et les autres, comme je dois les ennuyer !...
« Enfin j'ai tant prié que Notre-Seigneur a eu pitié de moi,
« et par une bonne lettre de ma Mère de S., il a remonté la
« pauvre machine, si mauvaise et si incapable, lorsque

« le feu du bon Dieu ne brûle pas comme il faut. »
Parfois la prière jaillit jusque dans la lettre elle-même.
« Oh ! ma chère petite M., tu es bien gentille de prier
« pour ta vieille amie : elle en a si grand besoin ! Si tu
« savais comme souvent l'épine me semble dure, le
« chemin aride, et comme je me sens peu forte au milieu
« des mille difficultés de la vie ! Que ne puis-je, avec toi,
« augmenter un peu ma provision de courage par une
« bonne année au Sacré-Cœur ! Venir reprendre ma
« place auprès de vous, ce serait le bonheur... O mon
« Dieu, pardon ! Que je suis donc peu généreuse ! Je pense
« toujours à goûter ces douces joies du cœur, et ce repos
« près de vous, qui me manque... Non, je veux votre
« volonté. Ce serait très doux d'être à Belle-Croix, mais
« alors il y aurait moins de luttes, il n'y aurait pas le
« sacrifice, et Jésus ne vaut-il pas la peine qu'on souffre
« pour lui ?... Allons, ma bonne M., pense à ta pauvre
« amie près de notre Mère immaculée, qui est bien, avec
« notre bon Maître, le lien qui nous unit, et le centre
« auprès duquel nous nous retrouverons chaque jour. »
A ces heures douloureuses, où l'ennemi l'accablait et
où le découragement semblait l'envahir, une pensée
suffisait pour lui rendre la vigueur : le *Sitio* de la croix
qui demande des âmes. Elle s'oubliait alors pour répondre
au Cœur de Jésus : « Je vous aime et je veux vous faire
« aimer. Je suis votre apôtre et je veux m'occuper tout
« entière à vous gagner des cœurs ; prenez, Seigneur,
« recevez mes prières, mes luttes, mes souffrances, je

« vous donne tout, et ne demande que deux choses :
« votre amour et des âmes ! » L'étendard du zèle mettait
donc sans cesse en déroute l'ennemi qui s'acharnait à
cette privilégiée du Seigneur, et Antoinette poursuivait
sa route semant à pleines mains les prières, les paroles et
les actes que lui inspirait sa charité apostolique.

« Elle avait le génie du bien, » dit une de ses amies.
Génie sublime qui est un des plus beaux dons de Dieu, et
qu'elle fit valoir avec une ferveur pleine de tact et de
simplicité. Avec quel charme elle parlait du Cœur de
Jésus et de sa Mère immaculée ! Comme elle savait à
propos suggérer une bonne pensée, un saint désir ! Quel
savoir-faire et quelle adresse pour enrôler le plus d'âmes
possible dans la pieuse Ligue de l'Apostolat de la Prière !
Auprès des enfants, elle était ravissante à voir ; son
innocence attirait ces petits innocents et elle savait parler
leur langue pour leur apprendre à connaître le bon Dieu,
la sainte Vierge et leur Ange gardien. Elle aurait passé
des heures à les amuser, sans témoigner de lassitude, et
parfois elle disait en les regardant : « Ah ! je comprends les préférences de Jésus! » Quand elle le pouvait,
avec discrétion, elle éveillait dans ces jeunes âmes la
première idée du sacrifice, car à ses yeux c'était la pierre
de touche d'un cœur généreux, et l'ardente enfant jouissait lorsqu'elle trouvait un écho à ses propres sentiments.

Avec tous, la douceur, la mansuétude était une des
vertus apostoliques d'Antoinette ; son humilité peut se
plaindre des défauts de son caractère, des inégalités de

son humeur ; mais ceux qui l'ont vue à l'œuvre attestent qu'un des attraits les plus séduisants de cette incomparable jeune fille, c'était le rayonnement céleste qui laissait deviner une âme *livrée* à Dieu, toujours sereine et maîtresse d'elle-même, toujours oublieuse de sa personnalité, et ne visant qu'à une chose : montrer Jésus, donner Jésus ! En tout cela, en effet, les actes trahissaient l'intime de l'âme : le feu de l'amour s'ouvrait une issue, et ses flammes divines ont réchauffé bien des cœurs, attiédis au contact du monde.

Terminons par un trait de minime apparence, mais qui permet de conclure ce chapitre par celui qui est la pureté des vierges et le zélateur des Apôtres. Un jour, à sa leçon de chant, qu'elle prenait avec quelques autres jeunes filles, Antoinette chanta *les Souhaits de Noël*, qui se terminent par ces mots : « Le bonheur près de celui qu'on aime. » — A peine eut-elle terminé ces mots que son pur et profond regard se fixa sur un crucifix, avec une expression d'indicible tendresse, qui frappa les personnes présentes. Jésus était bien, selon son expression, « l'unique et le tout » de sa vie : pour lui, elle s'était gardée pure ; pour lui elle voulait être apôtre. Pour lui ! c'est le mot de l'amour que rien n'explique, mais qui explique toutes choses !

CHAPITRE IV

LA VOCATION

Dans une page célèbre d'un grand écrivain catholique,
l'appel à la vie religieuse reçoit le nom de *mystère* de la
vocation. Ce mystère, insondable pour tant d'esprits, est
déjà lumineux et magnifique pour toutes les âmes grandes
et nobles ; pour les cœurs purs, il est plus transparent
encore. *Beati mundo corde !* Bienheureux les cœurs purs !

L'enfant prédestinée, dont nous rappelons le souvenir,
reçut bien jeune cette grâce de choix ; il n'y avait pas
de mystère pour Antoinette dans cet amour de préférence
que Jésus lui témoignait d'une part, et lui demandait de
l'autre ; elle comprenait comme d'intuition le dernier
mot du cœur. Qu'on se souvienne du ravissant colloque
de sa première Communion, qui se terminait par une
pleine et simple oblation de tout elle-même. Que de fois
le don fut ratifié ! A treize ans, nous lisons dans ses notes :
« O Jésus, soyez mon bien, ma vie, ma famille, ma

patrie, mon tout, afin que je mérite de vous avoir plus tard comme époux. » Deux ans après: « O Marie, conduisez-moi à Jésus. Oui, tout près de lui, afin que je lui appartienne de plus en plus, en attendant que je quitte tout pour ne suivre que lui. » Et au beau jour de son entrée dans la Congrégation de la sainte Vierge, elle lui disait avec un pieux poète :

> Mère, votre Jésus me veut, je le devine.
> Oh! oui, soyons à lui, rien qu'à lui, rien qu'à vous (1).

Si on l'eût interrogée sur le *pourquoi* de sa vocation, son cœur eût répondu, toujours avec le même auteur, dont elle goûtait la belle poésie :

> Pourquoi? Parce qu'il est dans notre langage
> Des mots qui jusqu'à l'âme entrent toujours en moi :
> Se *donner, s'immoler, dévouement, sacrifice!*
> Me direz-vous comment et par quel artifice
> Ils me font tressaillir d'un invincible émoi?
> — Mais pourquoi renoncer au bonheur de la terre?
> — C'est qu'il existe un mont qu'on nomme le Calvaire,
> Mont sanglant, où la croix se dresse dans le ciel,
> Où près de mon Jésus, je vois pleurer ma mère,
> C'est qu'un hôte adorable a visité la terre :
> Immobile, muet, il se tient sur l'autel :
> Le Roi qui règne aux cieux se fait l'Emmanuel !
> — Mais son trône est sapé, il s'écroule en ruines?
> — Eh bien ! je suis au Roi qu'on couronne d'épines ;
> J'honore un diadème aux fleurons teints de sang...
> Pourquoi je vais à lui! C'est qu'il semble impuissant,
> C'est qu'il semble en vaincu s'abandonner lui-même ;
> Jésus n'est pas aimé... voilà pourquoi je l'aime.

(1) Henri Tricard, scolastique de la Compagnie de Jésus.

La raison décisive de cette vocation fut donc l'amour, nous allons le voir éclater dans le travail de son élection qu'elle fit au mois de mai 1893.

Antoinette s'était ouverte plusieurs fois, au sujet de son appel à la vie religieuse, et toujours une sage direction l'avait ramenée à ses devoirs d'enfant, comme au sûr moyen de plaire à Dieu, et de préparer son âme à de plus hautes destinées.

Cependant la vivacité de ses impressions, sa faculté extraordinaire d'imaginer et de sentir, lui mirent souvent devant les yeux le tableau de cet avenir, qu'elle ne voyait pas à travers le prisme de la poésie. Ces réalités, aussi sublimes qu'austères, qui se nomment l'abnégation, le dépouillement, la mort anticipée, lui apparaissent sous leur vrai jour, jour venu du Ciel ou du Calvaire, qui revêt la souffrance de charmes inconnus, mais n'empêche ni de la voir ni de la sentir. Elle la sentait vivement la pauvre enfant, et que de fois elle frémit en face de cette perspective qu'elle regarde pourtant en face, sans reculer d'un pas. Le sacrifice de la famille surtout lui semble douloureux ; d'avance elle en mesure l'étendue, elle en goûte l'amertume, elle s'effraie, et se demande avec angoisse : Comment cela se fera-t-il? Alors elle prie, et son cœur et ses lèvres en viennent toujours à dire l'*Ecce* qui livre tout à Dieu, le *Fiat* qui accepte pleinement le vouloir divin.

La jeune fille était dans ces dispositions, lorsque, le 21 du mois d'avril 1893, elle arriva à Belle-Croix, résolue à chercher, dans le silence et le recueillement, le dernier mot sur sa vocation, et la force pour la suivre jusqu'au bout.

Après avoir joui quelques heures de la joie de se revoir, joie expansive et douce, le moment de se mettre en retraite arriva, et le chant du *Veni Creator* fut comme une barrière élevée entre l'humain et le divin. Pendant les quatre jours que dura la retraite, Antoinette ne franchit pas un seul moment cette ligne de démarcation : elle était entrée tout entière dans les saints exercices ; elle y resta seule avec Dieu, ne se laissant distraire par aucun des riens de la terre. On la sentait occupée de grandes choses, qu'elle semblait traiter dans le ciel. C'est bien, en effet, par le *Sursum corda* que s'ouvrirent ces jours de lumière et de grâce : le Cœur de Jésus s'y révéla avec ses amabilités infinies, et Marie immaculée guida vers lui son enfant de prédilection. C'est sous le regard du Fils et de la Mère, dans une solitude complète, qu'elle s'interroge, s'examine, se répond à elle-même, comme à Dieu.

En tête de son élection, elle écrit cette parole de son divin Maître : « Me voici, ô mon Père, pour faire votre volonté. » Puis ces mots de l'aimable vierge Agnès : « Je viens à vous, Jésus, que j'ai aimé, que j'ai cherché, que j'ai toujours désiré. »

VIE RELIGIEUSE

I. — RAISONS POUR EMBRASSER CET ÉTAT

« 1° *Quels avantages y trouverai-je ?*

« *a*) *Pour éviter le péché ?* — Dans la vie religieuse, je n'aurai pas à craindre les entraînements du monde, la séduction de ses vanités. J'aurai beaucoup moins à redouter les écarts de mon imagination, et je serai sûre de rapporter à Dieu seul toutes les ardeurs de mon cœur et de mes affections.

« *b*) *Pour me sanctifier ?* — J'aurai des grâces très spéciales, et si j'ai toujours à lutter, à souffrir, à supporter la tentation, j'aurai aussi plus de force pour résister, puisque Notre-Seigneur sera vraiment avec moi, et que je serai uni à lui d'une manière tout à fait intime. La pratique des trois grands vœux de pauvreté, de chasteté, d'obéissance, sera surtout un puissant moyen de sanctification.

« *c*) *Pour assurer mon salut ?* — La vie religieuse m'offre des avantages énormes, car les vœux, la règle, tout tend à conduire l'âme à Notre-Seigneur, à la faire avancer dans le chemin de la perfection, et, par suite, à la conduire sûrement au bonheur éternel.

« 2° *Que penserai-je à l'heure de ma mort ?*

« Il me semble que je serai heureuse, très heureuse,

d'avoir vécu uniquement pour Dieu, d'avoir tout abandonné pour lui, et de pouvoir lui présenter intact le lis de mon cœur, le trésor de ma virginité.

« *3° Que penser au point de vue de la gloire de Dieu ?*

« Je crois que dans la vie religieuse, je pourrai glorifier Dieu davantage, d'abord en imitant Jésus plus fidèlement, ensuite en travaillant plus directement à le faire connaître et aimer, à établir son regne dans les âmes.

« *4° N'est-ce pas par amour pour Notre-Seigneur que je m'engagerais dans la vie religieuse ?*

« O mon Maître si bon, oui, c'est par amour pour vous, et uniquement par amour, que je renoncerai à tout pour vous suivre, pour répondre à votre voix me disant : « *Veni, sequere me :* Venez et suivez-moi. » Oui, mon Jésus, mon bien-aimé, c'est par amour pour vous que je briserai mon cœur, que je renoncerai aux affections de la famille, que, chaque jour, j'immolerai ma volonté propre, mon orgueil, mon indépendance. Par amour, je pratiquerai le renoncement, le sacrifice de tout ce que produit ma mauvaise nature, et cela chaque jour, à chaque instant, pendant des années et des années... Oh ! oui, Jésus, pour vous je ferai cela, pour vous qui m'avez aimée le premier, pour vous qui avez souffert et qui êtes mort pour moi ; pour vous qui m'avez donné votre Mère, qui venez si souvent dans mon cœur, et qui daignez m'appeler à vous suivre de plus près... à ne faire qu'un avec vous, à devenir votre épouse, malgré mon indignité, ma profonde misère et mon grand orgueil, que vous connaissez bien, mon bon Maître.

« 5° *Ai-je senti depuis longtemps des attraits pour la vie religieuse ?*

« Dans mes premières années surtout, et à l'époque de ma première Communion, j'ai entendu très clairement la voix de Notre-Seigneur et bien souvent je me suis donnée à lui avec tout l'élan de mon amour et l'ardeur de mon cœur. Je songeais plus alors à la joie de me donner et de me dévouer à Jésus et aux âmes, qu'à l'austérité des sacrifices et des immolations qui devaient nécessairement accompagner cette donation. A mesure que je grandis, et que je comprends mieux ce que c'est que la vie religieuse, Dieu permet que je sois privée de la douceur de ses consolations, et je ne vais plus à lui avec la ferveur joyeuse du premier sacrifice. J'ai parfois de durs moments de luttes et de tentations, et je suis tentée de me demander pourquoi Dieu m'a mise sur la terre, ou ne m'a pas reprise plus tôt... Comme je suis très orgueilleuse, le découragement m'assaille vite... Mais je sens que tout cela vient du démon, et j'ai toujours la ferme volonté d'aimer Jésus par-dessus tout.

II. — RAISONS CONTRE LA VIE RELIGIEUSE

« 1° *Quels inconvénients y trouverai-je ?*

« a) *Pour la vie temporelle ?* — Aucun.

« b) *Pour la vie spirituelle ?* — Je ne vois que des avantages dans la vie religieuse.

« c) *Y trouverai-je des dangers pour mon salut ?* — Aucun, il me semble, si ce n'est de ne pas répondre avec assez de générosité et de délicatesse aux grâces dont Notre-Seigneur me comblera.

« 2° *Quelles répugnances est-ce que j'éprouve pour la vie religieuse ?*

« *a) Du côté de mon caractère ?* — Mon caractère est très orgueilleux, très vif, très tranchant, j'ai à redouter de faire souffrir beaucoup les autres... Je souffrirai moi-même ; mais cela je ne dois pas le craindre, car j'ai grand besoin d'être contrariée, brisée, laissée de côté.

« *b) Du côté des vertus à pratiquer ?* — Les vertus qui me coûteront le plus, je crois, seront : l'obéissance, la soumission absolue, la patience, la douceur, car ces vertus accompagnent l'humilité, et l'humilité n'est pas du tout établie chez moi ; mais je veux devenir humble à tout prix, et j'espère y arriver avec la grâce de Notre-Seigneur et l'aide de la sainte Vierge.

VIE DANS LE MONDE

I. — RAISONS POUR EMBRASSER CET ÉTAT

« *Quels avantages y trouverai-je ?*

« *a) Pour ma sanctification et mon salut ?* — Je trouve beaucoup plus d'avantages dans *ma* vie religieuse.

« *b) Pour mes parents ?* — Je ne crois pas leur être nécessaire et j'espère leur attirer plus de grâces, en entrant dans la vie religieuse, qu'en restant dans le monde.

« 2° *Que penserai-je à l'heure de la mort ?*

« Je serai bien plus heureuse d'avoir été toute à Notre-Seigneur et d'avoir tout quitté pour lui.

« 3° *Que penser au point de vue de la gloire de Dieu ?*

« Je crois que Dieu sera plus glorifié par moi dans la vie religieuse, et je sens que ce serait bien moins par amour pour lui, que pour ma satisfaction naturelle, que je resterais dans le monde. Malgré les tentations et les répugnances au sujet de ma vocation, je puis dire que mes attraits, depuis mon enfance, ne m'ont pas portée vers le monde

II. — RAISONS CONTRE LA VIE DANS LE MONDE

« 1° *Quels inconvénients à rester dans le monde ?*

« Je crois que je serais très ennuyeuse pour les personnes avec qui je devrais vivre, à cause de mon caractère, et j'aurais beaucoup plus de peine à l'améliorer que dans la vie religieuse.

« 2° *Quels dangers trouverai-je dans le monde ?*

« Il me serait difficile, je le crains, de ne pas me laisser entraîner, captiver par les créatures.

« 3° *Quelles répugnances ai-je pour le monde ?*

« Je ne ressens aucune répugnance naturelle pour la vie dans le monde.

CONCLUSION

« *Je crois* que Notre-Seigneur me veut tout entière, et je me donne à lui de tout mon cœur

« *Je crois* qu'il veut de moi une vie d'humiliations et de sacrifices, de dévouement et d'abnégation, et je suis résolue à l'embrasser par *amour pour lui*.

« O Jésus, par ma Mère immaculée, je me donne à vous,
« et je vous conjure de me faire la grâce de vous rester tou-
« jours fidèle. »

Cette élection faite avec le sérieux que demandait une chose de cette importance, fut approuvée et ratifiée par le Révérend Père P., directeur de la retraite, en qui la jeune fille avait une absolue confiance. Ses conseils firent entrer son âme dans une voie de paix, d'abandon et de générosité plus fervente encore, qui lui faisait dire avec le Psalmiste : Seigneur, je vous ai tout offert dans la joie et la simplicité de mon cœur. Au jour de la clôture de la retraite, Antoinette radieuse disait à une de ses maîtresses : « C'est fini ! Je suis *rivée* à Notre-Seigneur pour jamais. »

Mais se river à Jésus ne peut se faire que par les instruments douloureux qui ont cloué l'amour sur la croix ! Rarement Dieu permet qu'une grâce de choix ne soit pas le prix de la souffrance, elle ne devait pas manquer à cette âme privilégiée ; Notre-Seigneur, qui devait la priver des mérites de la vie religieuse, voulut au moins lui laisser tous ceux du grand sacrifice.

Après quelques semaines de douce paix et d'union intime avec son Sauveur, l'ennemi de tout bien parvint à rentrer dans la place par les côtés faibles de sa nature : l'imagination et le cœur. Dès lors, la pauvre enfant eut

sans cesse devant les yeux la perspective de cette séparation d'avec les siens, qui lui semblait au-dessus de son courage. Les liens de la tendresse apparaissaient comme des
chaînes dont elle ne pouvait se défaire, et son cœur brisé
était réduit à une sorte d'agonie où elle répétait comme
son divin Maître : « S'il est possible que ce calice s'éloigne
de moi !... »

Jésus lui-même soumettait cette âme bien-aimée à un
régime de rigueur : il accumulait autour d'elle tentations
et troubles, obscurités et délaissements ; il se faisait
« faisceau de myrrhe » et « Époux de sang », car il savait
pouvoir compter sur ce cœur de 18 ans ! Un jour que cette
persécution d'amour faisait plus cruellement souffrir la
jeune fille, sa tante remarqua un certain air de tristesse,
qui provoqua d'affectueuses questions. Antoinette répondit
en laissant voir jusqu'au fond de son cœur, et, à travers
ses larmes, elle disait en finissant : « Je crois que c'est la
volonté de Dieu ! »

Résister à cette volonté, retarder d'une heure son plein
accomplissement ne venait pas même à l'idée de la généreuse enfant ; mais elle s'arrêtait à regarder sa croix, elle
la soupesait, l'essayait pour ainsi dire, au lieu de se livrer
comme la victime sur l'autel de l'holocauste. Or la fidélité
à Jésus a des délicatesses que le monde ne soupçonne pas ;
l'amour reprochait à Antoinette ces regards sur elle-même,
ces préoccupations et ces craintes qui ralentissaient
l'essor de son âme vers Dieu. « Oh ! que je suis lâche,
« disait-elle, pardon, ô Jésus ; ayez pitié de moi !... Si vous

« ne venez pas à mon aide, je ne pourrai plus résister ;
« voyez les difficultés et les tentations qui m'assaillent...
« Jésus, Jésus, ayez pitié de moi !... Oh! mon cœur, comme
« il souffre, comme il est battu par la tempête, comme il
« est meurtri et fatigué ! Venez à mon aide, ô mon Dieu,
« donnez-moi la force de lutter et de souffrir. Je veux être
« à vous, oui, toute à vous, ô Jésus, mais pardonnez à
« mon cœur ses faiblesses, ses lâchetés. J'aime votre
« volonté, j'aime tout en vous, ô mon Maître, et vous, je
« veux vous aimer plus que toute chose ici-bas.

« Marie, ma mère, venez au secours de votre enfant. »

— « Je dirai et redirai sans cesse : *Cœur de Jésus, possé-dez mon cœur !* »

Cette courte invocation a toutes ses préférences dans les moments de luttes, et elle s'impose de la dire au moins quinze fois chaque jour, afin que le Maître des cœurs la possède dans la paix, la dirige dans la vérité et la transforme dans l'amour. C'est toujours à ce dernier point que Jésus la ramène, et les premiers vendredis du mois sont pour elle le moyen de raviver sa ferveur. Fidèle à sa revue mensuelle, elle prolonge ce jour-là sa méditation, s'approche du Cœur sacré, comme d'une fournaise où elle se purifie et s'embrase, puis elle promet de rester toute de feu, alimentant sans cesse le brasier divin par le bois du sacrifice.

Même à l'époque de luttes que nous retraçons, rien n'est changé dans ses habitudes de piété : elle faisait, comme Jésus se rendant à Gethsémani, *toutes choses selon*

sa coutume. Le 7 juillet 1893, jour de sa retraite du mois, nous lisons : « Après m'être bien examinée devant Notre-
« Seigneur, il me semble que je dois surtout : 1° m'exciter
« à l'amour et à une grande confiance. Je serai alors
« plus calme dans la lutte, moins effrayée de l'avenir, plus
« soumise pour accepter ce que Jésus voudra bien
« m'envoyer, surtout ces peines de cœur qui me font tant
« souffrir.

« 2° Faire plus sérieusement mon examen particulier,
« afin qu'il me soit une arme puissante contre la nature,
« un moyen d'agir purement pour Notre-Seigneur avec
« un grand amour.

« 3° Accepter ma faiblesse, mon impuissance, mes fautes
« elles-mêmes avec douceur et humilité. Je suis si
« orgueilleuse que je me révolte en me voyant ce que je
« suis. Au lieu de cela, je reconnaîtrai que je suis faible,
« lâche et inconstante, je demanderai pardon à Notre-
« Seigneur et je ne me découragerai pas de mes mauvais
« penchants.

« O Jésus ! vous avez dit : « Venez à moi, vous qui êtes
« chargés et qui souffrez, je vous soulagerai. » — » Me
« voici, je viens à vous, mon Maître bien-aimé. Recevez-
« moi, ayez pitié de moi ; laissez-moi me reposer un peu
« auprès de vous. Je sais que vous m'aimez, que vous
« voulez me faire du bien, que votre Cœur est l'asile de
« tous ceux qui souffrent. O Jésus, je viens avec confiance
« et j'espère tout de votre amour. »

Elle n'espéra pas en vain, le calme se fit dans son âme.

Celui qui d'un mot apaise les tempêtes, dissipa ses vaines frayeurs et fortifia son courage pour de nouvelles luttes, car ce cœur fut jusqu'à la fin le théâtre d'intimes combats, qui vérifient la parole évangélique : « Le royaume des cieux souffre violence, il n'y a que les violents qui l'emportent. »

Pourtant, disons-le encore une fois, ces violences intérieures n'avaient pas de contre-coups au dehors, et si les bas-fonds de la nature étaient dans une anxieuse agitation, la surface était calme et limpide, comme ces lacs tranquilles qui reflètent le firmament. Une pensée de délicatesse l'aidait à faire malgré tout *bon visage* : « Il ne convient pas, disait saint François d'Assise, lorsqu'on est au service de Dieu, de montrer une figure mélancolique et renfrognée ; » notre chère enfant voulait aussi faire honneur à Celui qui l'avait choisie, en montrant par sa douce sérénité que Jésus est un bon maître. Et maintenant au cortège de l'Agneau, elle chante le cantique de l'éternelle allégresse, et Jésus se fait honneur de sa petite épouse.

CHAPITRE V

LES ATTENTES DU CIEL

« S'il n'est pas de maux que la pensée du Ciel ne gué-
risse, » il n'est pas d'âmes non plus qui ne deviennent
plus belles, plus fortes et plus pures, quand elles vivent
habituellement dans ce grand souvenir. Antoinette fut
une de ces âmes, toute sa vie en fait foi. Il suffit d'ouvrir
un livre ou un cahier lui ayant appartenu pour y trouver
quelque chose rappelant sa patrie d'en-haut. Là, c'est un
petit papier avec ces deux vers :

> « Sur terre, pour un temps, amour et sacrifice ;
> « Mais au ciel pour toujours amour et pur délice ! »

Ici, tracé au crayon : « Encore quelques jours et j'aurai
ma part de l'éternel *Alleluia !* » Parfois, en marge, on
trouve ces deux mots : « Le Ciel ! » Et les points d'excla-
mation et de suspension font deviner ce qui n'est pas écrit.
Souvent, elle est plus explicite : « Jésus, ne voulez-vous pas

« me prendre dans votre beau ciel ? » — « Ma Mère
« immaculée, vous voir bientôt !... » Chose remarquable,
elle semble oublier la mort et son regard ne s'arrête
qu'à *l'au delà*; son cœur est fixé en Jésus et il franchit le
passage pour contempler par avance Celui qui est au
Ciel !

L'heure était bien proche; Antoinette venait de dire
adieu à ses 18 ans : « Me voici chargée du poids de
« mes 19 ans, écrit-elle à sa tante ; demandez un peu au
« bon Dieu de bénir cette nouvelle année ; elle sera ce
« qu'il voudra... Je la lui confie absolument par les mains
« de la sainte Vierge, sans qui je ne sais rien faire. Elle
« aura ses croix grandes et petites, ses jours sombres, et
« aussi ses jours de joie. Je devrais dire plutôt que tous
« les jours seront également bons, puisque tous seront
« bénis par le bon Maître, et apporteront ce qui sera sa
« volonté. »

Nous savons que cette 19° année était, dans la pensée
de la chère enfant, l'année du grand sacrifice, où elle bri-
serait tous les liens pour répondre à l'appel de Jésus ; aussi
ses lettres de cette époque renferment presque toutes des
allusions, plus ou moins transparentes, au projet qui
l'occupait.

Avec sa tante, elle parlait plus ouvertement : « Je
« m'attache, je crois, de plus en plus à tous ceux que
« j'aime en ce monde, et j'ai hâte d'en jouir ; tu comprends
« pourquoi, toi, ma chère petite tante, qui connais si
« bien le cœur de ton Antoinette!... Comment résister à

« la voix du bon Maître ? et d'un autre côté, comment
« arracher son cœur à tout ce qui l'attache si fortement
« ici-bas ! Prie bien pour moi ; mais j'ai la confiance que
« le bon Dieu mènera lui-même toutes choses et je confie
« tout à son amour et à celui de la sainte Vierge. Si Jésus
« demande, c'est parce qu'il aime, et jamais il ne sollicite
« un sacrifice, si grand soit-il, sans donner force, courage
« et joie pour l'accomplir ! » C'est bien ce que le divin
Maître va faire pour le sacrifice suprême.

Au mois de février 1894, M. et Mme du Ranquet
décidèrent que l'on irait s'installer à Clermont pour
profiter des exercices et des prédications du Carême. Toute
joyeuse de pouvoir reprendre ses habitudes de piété, la
jeune fille écrivait à une de ses amies : « Quel bonheur !
chaque jour va maintenant commencer par la visite du
Maître ! » Il la visita d'abord par la souffrance : de violents
maux de tête lui faisaient subir une sorte de torture ; mais,
comptant pour rien un mal qui ne lui interdisait pas tout
mouvement, elle garda le silence, et souffrit, selon son
expression, « entre Jésus et elle, le plus aimablement
« possible. »

Le 15 février, elle assista, avec son entrain ordinaire, à
une réunion d'Enfants de Marie, se confessa, et nul
n'aurait pu se douter des douleurs presque intolérables
qu'elle supportait. Pourtant le soir, avec sa bonne grâce
charmante et enjouée, elle s'excusa de ne pas faire meilleure figure, et ne parut pas à la table de famille. « Qui de
« nous eût supposé alors, dit sa mère, que cette bien-aimée

« ne reprendrait plus sa place parmi nous !... Mon Dieu,
« vous êtes le Maître, nous n'avons qu'à adorer sans com-
« prendre ! »

Bientôt l'estomac ne put supporter aucune nourriture,
le sommeil disparut complètement, et les douleurs devinrent de plus en plus aiguës. La douce malade, qui avait
si bien appris à s'oublier pour le bonheur des autres, ne
laissa entendre aucune plainte et dissimula l'intensité de ses
souffrances pour ne pas inquiéter les siens. Sa mère reposait auprès d'elle ; Antoinette lui fit promettre de ne pas
interrompre son sommeil si elle ne l'appelait pas, et, pour
ne pas l'éveiller, elle se condamnait à une complète
immobilité. Lorsque le pauvre corps ne pouvait plus
résister à l'étreinte du mal, la courageuse enfant joignait
les mains, et regardait Jésus attaché à la croix : « Mon
Jésus ! venez à mon secours !... Je ne puis souffrir seule ! »
Dès que la crise était passée, son cœur parlait le langage
le plus affectueux : « Je crois, ma chère maman, que je
« vous aime de plus en plus ! J'ai si grand besoin de vous ;
« je redeviens comme une petite enfant pour vous aimer,
« me faire dorloter..... Oh ! que je suis ennuyeuse avec
« cette vilaine tête qui vous fait de la peine. Je ne com-
« prends pas que vous me supportiez avec tant de bonté !... »
Dès qu'elle perdait de vue sa chère inséparable, alors
convalescente : « Où est ma sœur ? » Si on lui répondait
qu'elle était sortie : « Oh ! tant mieux, qu'elle se promène,
qu'elle ne se fatigue pas. »

Si on lui faisait part de quelques visites d'amis venant

prendre de ses nouvelles : « Mais qu'on est bon, disait l'aimable enfant, c'est trop bon de s'occuper ainsi de moi ! »

Huit jours se passèrent de la sorte ; les souffrances étaient continuelles, pourtant rien ne présageait un danger ; le médecin de la famille, malade lui-même, avait été remplacé par un autre qui cherchait, par ses soins, à guérir le mal. et par ses paroles rassurantes, à tranquilliser la famille sur un état « très pénible, disait-il, mais sans gravité aucune ». Il avait recommandé un grand calme et beaucoup de silence ; Antoinette ne l'interrompait que pour dire quelque affectueuse parole. Lorsque sa mère essayait de lui procurer un soulagement, elle lui disait avec tendresse : « Maman « sait toujours trouver ce qu'il me faut ; c'est la meilleure « de toutes les mamans ! » La pensée de la prière ne la quittait pas ; elle ne pouvait, elle, prier comme son cœur l'aurait voulu, aussi son visage s'illuminait de joie quand on priait à ses côtés. « Moi je ne suis guère gentille avec « le bon Dieu ; je lui dis seulement de tout petits mots : je « lui dis que je l'aime ! »

Le dimanche matin, Mme du Ranquet trouva sa chère malade toute triste ; mais suivons désormais le touchant récit maternel sans y rien changer : « Quand je « m'approchai pour embrasser ma chère enfant, elle me « dit avec cette voix douce qui pénétrait : « Ma pauvre « maman, je suis bien ennuyée, je ne suis pas patiente, « je ne sais pas souffrir. » Et comme je cherchais à la « rassurer, en lui disant qu'au contraire je la trouvais douce

« et résignée : — « Oh ! non, cette nuit je n'étais vraiment
« pas aimable pour Jésus. Je lui disais que je voulais bien
« *tout* ce qu'il voulait, *tout* ce qu'il m'envoyait..... puis
« quand je souffrais trop je le suppliais de m'en ôter un
« peu. J'ai peur qu'il ne soit pas content de moi. » Elle ne
« pouvait retenir ses larmes, elle si courageuse, si maîtresse
« d'elle-même ! C'est qu'il s'agissait de l'ombre d'une
« faute, et sa conscience ne pouvait en supporter la
« vue...

« Je la consolai de mon mieux ; lui assurant que le bon
« Dieu était content. Du reste, ajoutai-je, en l'absence du
« Père M., veux-tu que je demande au R. Père L. de venir
« te voir ? » — « Oh ! oui, dit elle, j'aimerais bien à le voir,
« papa dit qu'il est si bon. » Dans la matinée, M. du Ranquet
« fut voir le Père, qui promit de venir dans la journée :
« Antoinette se sentait mieux, les crises aiguës s'étaient
« calmées, chacun était joyeux, et moi-même je reprenais
« confiance. Vers deux heures, je reçus le R. Père au
« salon, et l'introduisis ensuite dans la chambre de notre
« chère malade, qui parut heureuse de le voir. Elle ne
« connaissait pas du tout ce bon Père, qui lui parla avec
« une grande bonté, lui montrant que tout en acquiesçant
« de cœur à la volonté divine, nous avons en nous un côté
« humain, notre être sensible et inférieur, auquel la souf-
« france répugne. Il lui rappela Notre-Seigneur au jardin
« des Olives et, après quelques mots d'encouragement, il lui
« demanda si elle n'aurait rien de particulier à lui dire.
« Sans attendre sa réponse, je me retirai aussitôt. Mon Dieu,

« quelle grâce vous nous avez faite alors, et comme j'avais
« peu la lumière sur l'importance de ce suprême entre-
« tien avec votre ministre.

« Au bout d'un quart d'heure environ, le Père vint me
« rejoindre au salon. — « Eh bien ! mon Père, lui dis-je,
« comment trouvez-vous notre malade ? — Ce n'est pas ce
« que je croyais, me dit-il avec une gravité qui me frappa.
« (Nous lui avions parlé de névralgies compliquées d'in-
« fluenza.) C'est tout autre chose, » reprit-il. — Oui,
« c'était tout autre chose que ce mal inexpliqué ; l'œil
« scrutateur de la science ne pouvait en sonder le mys-
« tère ; mais le prêtre voyait la main de Dieu briser
« jalousement la tige pleine de vie, parce qu'il voulait
« pour lui la fleur et ses parfums !...

« Il ajouta : « Quelle belle âme que celle de cette
« enfant ! Il y a chez elle un acquiescement parfait. Elle
« s'abandonne à la souffrance, elle s'y laisse aller, elle s'y
« repose comme dans un berceau. Sa volonté entre tout
« naturellement dans la volonté de Dieu et elle s'y trouve
« bien ; ce que Dieu veut, c'est ce qu'elle veut. Maintenant
« que sa conscience est rassurée sur les impressions de la
« nature, la souffrance lui plaît, parce qu'elle vient de
« Dieu ; elle est en paix, elle est contente. »

« Puis le Père me demanda : « Votre fille vous a-t-elle
« fait des ouvertures par rapport à la vie religieuse ? —
« Non, mon Père, mais nous avons toujours eu la pensée,
« son père et moi, que Dieu se réservait cette enfant chérie.
— « Evidemment, il a des vues spéciales sur cette âme. »

— « Il n'ajouta pas qu'elle venait de faire, avec la plus
« héroïque simplicité, le sacrifice de sa vie! L'accent du
« prêtre me remuait profondément, et je lui dis: « Mon
« Père, malgré les assurances du médecin, je suis très
« inquiète. — Sans doute, je le comprends; mais je vais
« vous répéter, à vous la mère, ce que j'ai dit à votre
« enfant: Soyez en conformité parfaite avec la volonté
« divine; faites par rapport à l'inquiétude ce qu'elle fait
« pour la souffrance; abandonnez-vous entièrement à
« Dieu! » Il me sembla qu'un trait douleureux s'enfonçait
« dans mon cœur, et je rentrai aussitôt dans la chambre
« de ma bien-aimée. Elle était tout heureuse, toute sou-
« riante : « Ce Père est excellent! Il m'a dit de si bonnes
« choses, si encourageantes. Puis, savez-vous ce qu'il a
« fait, maman? » — et elle avait une expression radieuse
« et enjouée, comme si elle voulait me faire participer à
« la joie qu'elle éprouvait. — « Il m'a confessée, et même
« il m'a donné l'absolution; je suis trop contente, voyez-
« vous, » — et avec une expression céleste et une voix
« enfantine elle ajouta: « Je me sens toute fraîche main-
« tenant! « Oui, elle l'était pour le dernier combat.

« Cette journée avait semblé amener une réelle amélio-
« ration. Dieu, dans sa bonté, nous donnait ces quelques
« heures de calme comme un repos pour nos cœurs,
« avant de leur demander le sacrifice qui devait les briser.

« Le soir, après un court mais paisible sommeil, des
« accidents pénibles survinrent, et les douleurs de tête
« devinrent si atroces qu'elle ne retenait ses cris qu'à force

« de volonté, le moindre mouvement était un supplice, et
« son visage bouleversé faisait pitié. Avec cela toujours la
« même patience, la même union avec Notre-Seigneur :
« Mon bon Jésus, prenez ce mal, acceptez-le, aidez-moi à
« le supporter. Moi je ne peux plus ! » Tous les calmants,
« glace, les sinapismes restaient inefficaces, il n'y avait pas
« une minute de répit dans ce douloureux martyre. Nous
« priions à haute voix autour d'elle, demandant à Dieu de
« la soulager et de soutenir son courage : « Le bon Dieu est
« *très bon*, » dit-elle, et elle accentua fortement ces mots ;
« vous êtes tous très bons, mais vous ne pouvez pas m'ôter
« ce vilain mal. » — « Ma pauvre maman, ajouta-t-elle
« d'une voix douce, je crois bien que je mourrai. On ne
« peut pas vivre quand on souffre tant, on meurt ; » et avec
« le même calme : « Il se passe des choses bien extraordi-
« naires dans ma tête ; tenez-la, maman, car elle se fen-
« drait. » C'était déchirant ! Après cette affreuse crise, une
« prostration complète s'empara de notre pauvre malade,
« cependant elle nous murmurait encore de douces pa-
« roles : Que vous êtes bons ! Oh ! je vous aime bien ! Priez
« pour moi ! Quelle peine vous prenez. Merci ! » Par obéis-
« sance elle essayait de prendre quelques fortifiants, mais
« sa répugnance était extrême pour le moindre liquide.

« Le médecin revint le lundi vers midi. Il fut décidé que
« nous demanderions une consultation de deux de ses con-
« frères ; elle ne put être fixée que dans la soirée. L'état
« me semblait s'aggraver, la faiblesse grandissait ; j'avais le
« cœur broyé par l'inquiétude. La Providence, qui voulait

« notre enfant bien-aimée, a tout permis; il nous faut ado-
« rer sa conduite. Mon amie, Thérèse Bosvieux ne nous
« quittait pas, elle veillait avec une tendresse mêlée de vé-
« nération au chevet de notre chère Antoinette. « J'ai vu
« là, dit ce témoin fidèle, une âme humble, résignée, con-
« fiante, généreuse, toujours de plus en plus occupée de
« Dieu, dont elle semblait se rapprocher à chaque minute. »

« Dans cette après-midi, la pauvre enfant était anéantie;
« son père priait en silence auprès du lit, où elle semblait
« reposer; je m'approchai : — « C'est vous, maman; je
« ne vous vois pas, mais je sens bien que c'est vous ! »
« Puis s'adressant à son père : « Oh! c'est lui qui est là
« aussi; comme il est bon ! c'est le meilleur des papas, le
« meilleur de tous ! » Je lui dis : » Tu souffres beaucoup,
« ma chérie ? » — « Oui, mais il faut souffrir; il faut
« faire pénitence; c'est très bon la pénitence ! »

« Un peu après elle me dit encore en me prenant les
« mains : « Ma pauvre maman, je crois bien que je vais
« mourir ! » — « Non, ma bien-aimée, le bon Jésus te
« guérira. » — « Mais, insista-t-elle avec calme, si je mou-
« rais ? » — « Eh bien ! lui dis-je en m'efforçant de lui
« sourire, tu irais au ciel; tu veux bien y aller? » — « Oh!
« oui, dit-elle avec une expression indéfinissable; puis elle
« ajouta tout bas, sur un ton qui n'exprimait aucun regret:
« J'aurais aimé à ne pas mourir si tôt! » — Mon Dieu, vous
« savez pour quels saints désirs elle ambitionnait la vie!

« De temps en temps elle nous disait: « Priez pour moi,
« je n'ai plus la force de le faire, mais vous, priez. Il faut

« prier. Offrez mes souffrances au bon Dieu ! Qu'il prenne
« tout ! — Ma bonne Mademoiselle, donnez-moi votre
« main, cela me soulage. — Mon père, que vous êtes bon,
« vous priez, merci ! — Ma pauvre maman, je ne suis pas
« gentille pour vous, je voudrais tant vous faire plaisir, et
« je vous fais toujours de la peine. » — « Cela nous fait de
« la peine de te voir souffrir, mais toi, tu ne nous en fais
« pas ; jamais, ma chérie, tu ne nous as donné autre chose
« que du bonheur, à ton père et à moi. » — « Oh ! que vous
« êtes bonne de me le dire ! Cela me fait tant de bien ! »

« Dans la soirée, il y avait un peu d'agitation ; dans ses
« phrases entrecoupées, elle nommait tous les siens ; elle
« parlait à Marie, sa bien-aimée, elle appelait sa chère
« petite Françoise ; sa tante de la Messuzière, si tendre-
« ment chérie ; tout cela doucement, avec paix, affection,
« soumission. Si on lui disait un mot du bon Dieu, elle
« répondait aussitôt comme à la plus chère pensée de son
« âme.

« La consultation des trois docteurs fut une souffrance de
« plus pour elle, car parler, faire un mouvement était un
« vrai supplice. Elle s'y prêta avec une aimable patience.
« Le résultat de leurs avis combinés fut de donner à la
« pauvre enfant un bain qui devait amener une active
« réaction. Il était six heures du soir, la faiblesse était
« extrême, ses yeux ne s'ouvraient plus : ses chères mains
« toutes glacées pressaient une statuette de Notre-Dame de
« Lourdes. Que se passait-il dans sa pensée, déjà voilée
« pour nous?... A un moment elle me dit: « Voudriez-vous

« me laver les mains ? » — Je les baignai doucement avec
« de l'eau parfumée, et elle murmura : « Il faut qu'elles
« soient bien propres... Il faudra les joindre »... Tout à
« coup, elle ouvrit les yeux avec une expression angélique,
« mais un peu inquiète, comme cherchant quelqu'un
« dont la vue venait de lui échapper : « Le bon Dieu, la
« sainte Vierge, où sont-ils ? — Dans votre cœur, lui dit
« Mlle Bosvieux. » — « Oh ! oui, » répondit-elle avec ravis-
« sement. Avait-elle entrevu quelque vision céleste ?
« Nous ne le saurons pas ici-bas ; mais sans nul doute
« sa pensée était toute concentrée au Ciel. Il était si
« proche !

« A huit heures tout était disposé pour ce bain, dont on
« espérait un si heureux résultat. Le médecin voulut lui
« donner un cordial ; elle ne parut pas s'en apercevoir ; je
« lui présentai alors de l'eau de Lourdes et ses lèvres
« s'ouvrirent immédiatement en disant : « Oh ! merci ! »
« Puis elle murmura lentement : « Sainte Marie, Mère de
« Dieu, priez pour nous pauvres pécheurs... Gloire au
« Père, au Fils, et au Saint-Esprit. » Et ce furent ses
« derniers mots. Nous ne devions plus entendre ici-bas le
« son de cette voix si chère !

« A peine déposée dans l'eau, un épanchement se pro-
« duisit, et toute connaissance abandonna notre pauvre
« enfant. Le docteur effrayé abrégea le remède ; il déploya
« les ressources de la science humaine, les efforts de son
« dévouement pour conjurer le mal. Il a tout essayé, tout
« tenté auprès de ce lit, où veillait déjà l'ange de la mort.

« Son angoisse nous révélant la cruelle vérité, on courut
« chercher le prêtre, rappeler Marie, momentanément
« absente ; l'ange n'attendit pas, et doucement, sans pro-
« voquer un mouvement, un soupir, il emporta l'âme de
« notre Antoinette bien-aimée vers la vraie patrie. C'était
« le 26 février 1894 !

« Nous étions là, à genoux, les bras en croix, conjurant
« à haute voix Notre-Dame de Lourdes de faire un miracle,
« et de nous laisser encore cette enfant de bénédiction, la
« joie de nos cœurs. Du ciel, elle devait voir l'amertume
« de notre chagrin, et c'est elle qui a demandé à Dieu, nous
« en avons l'intime conviction, de faire descendre la paix
« et la soumission dans nos cœurs brisés.

« En la regardant endormie, son père et moi, nous avons
« fait à Dieu notre sacrifice ; ne voulant pas nous laisser
« arracher notre enfant, mais bien l'offrir, comme un beau
« lis que le Ciel nous avait prêté pendant dix-neuf ans, pour
« le bonheur et le charme de notre foyer. Le Seigneur soit
« béni de nous l'avoir donnée ; et maintenant, que sa vo-
« lonté soit faite ! »

Cette touchante relation, écrite avec des larmes de
mère, et dictée par une foi de grande chrétienne, nous
montre Antoinette fidèle à elle-même jusqu'à son dernier
soupir. Elle avait vécu en priant, elle mourut en priant ;
elle n'avait cherché que le bonheur et le repos des siens ;
elle l'a cherché encore durant sa maladie, avec toute la
délicatesse de son cœur. Le sacrifice et la lutte étaient
devenus comme l'élément de son âme, et rien n'a été

changé ; son examen particulier porte comme dernier mot : « *Vive Jésus quand même !...* « Jésus, Marie, elle les avait aimés avec toutes les puissances de son âme ; elle les a aimés jusqu'à la fin, et, selon son désir, un dernier et suprême élan a pu la porter au pied du trône de la Vierge immaculée : » Avec mon lis et ma croix, me voici, ô Marie, et me voici fidèle ! »

Pendant deux jours, parents et amis se pressèrent auprès de la couche funèbre, jonchée de fleurs blanches, renouvelées par les soins de la plus délicate affection. Tout devait être pur pour entourer ce sommeil de l'innocence, auquel avait dû succéder déjà l'ineffable réveil éternel. Les traits transfigurés de la jeune fille, son angélique sourire portaient l'empreinte des joies célestes. Sa vue consolait, reposait, et une sorte de vénération s'attachait à ces restes mortels d'une enfant qui rappelait les vierges ses sœurs. Comme pour elles, sa virginité lui tenait lieu de couronne. Le parfum de ses vertus avait une douceur pénétrante et suave, qui faisait oublier la vallée de l'exil, et songer à ces jardins du ciel où le lis, dans tout l'éclat de sa fraîcheur, avait été transplanté.

L'aumônier de Belle-Croix vint répandre, auprès de la chère dépouille, les pleurs et les prières de la famille du Sacré-Cœur, qu'Antoinette avait tant aimée, et où son souvenir restait si vivant et si doux. Dans cette « seconde maison paternelle », selon l'expression de Mme du Ranquet, la nouvelle de sa mort fut comme un coup de foudre. On ne pouvait y croire, et pourtant les larmes coulaient de tous les yeux : c'étaient des Mères pleurant une enfant bénie ; des sœurs qui regrettaient une sœur ; mais toutes la cherchaient avec confiance dans ce séjour du bonheur, où elle donnait *rendez-vous*, et dont sa vie tout entière avait montré le chemin.

La mission en ce monde de *l'ange* et de *l'apôtre* ne saurait s'arrêter aux bornes du temps. A la lumière de l'éternité, le regard d'Antoinette comprend mieux encore le prix des âmes, et elle veillera sur ce trésor de Dieu. D'une aile protectrice, elle ombragera les fleurs de l'innocence, pour les mettre à l'abri du souffle qui ternit la candeur. « *Plutôt la mort que la souillure !* » Sa voix nous le redit avec force ; mais, toute parée d'un vêtement de pureté et d'allégresse, elle ajoute avec ravissement : Oh ! bienheureux les cœurs purs ! Bienheureux déjà dans les ombres de la terre ! Bienheureux surtout dans les éternelles clartés de la vision divine !

Avec le lis virginal, Antoinette nous montre la croix, et son cœur magnanime nous jette ce cri : « Vive Jésus dans la souffrance ! » A son exemple, ne craignons pas la lutte ; engageons nos pas dans les âpres chemins qui conduisent à la sainteté ; entraînons les âmes dans cette voie royale, et que l'étendard du zèle passe de ses mains dans les nôtres... Recevons-le, comme le legs sacré de cette vaillante et généreuse enfant, et qu'il porte haut dans le monde cette courte maxime, gravée en traits de flammes : « Amour et sacrifice ! »

Seigneur, faites qu'ainsi, pour la plus grande joie céleste

de votre enfant privilégiée, Marie-Antoinette du Ranquet, elle demeure à jamais pour nous dans les cieux ce qu'elle était ici-bas :

ANGE ET APOTRE !

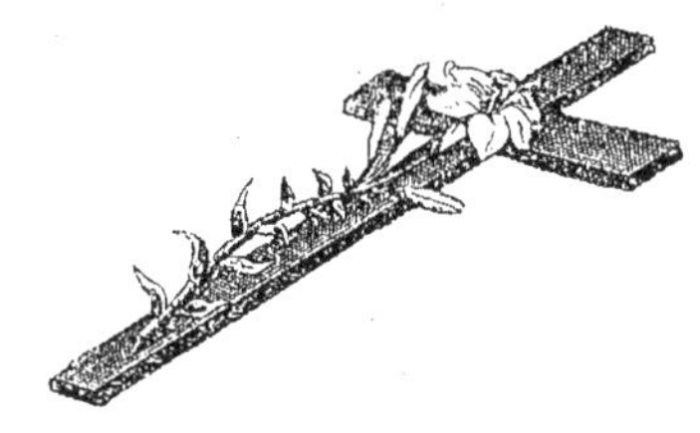

QUATRIÈME PARTIE

CORRESPONDANCE

❧❧❧❧❧❧❧❧❧❧❧❧❧❧❧

CORRESPONDANCE

C'est bien au titre de *Lettres édifiantes* que nous présentons ces quelques extraits de la correspondance d'Antoinette. Leur charme littéraire n'est certainement pas sans mérite ; mais ce n'est là qu'un tissu délicat et transparent, à travers lequel on voit l'âme, on sent le cœur de cette enfant dont les intimes pensées sont belles à pénétrer.

« La bouche, dit la sainte Écriture, parle de l'abondance qui nous remplit intérieurement. » Il en est de même, davantage encore peut-être, de la parole écrite ; elle jaillit du fond, et révèle en s'écoulant si la source est limpide ou troublée, rare ou abondante. Nous connaissons assez *l'ange* et *l'apôtre* pour savoir que tout est pur, ardent, généreux dans les manifestations extérieures de son âme. Elle écrit ce qu'elle pense, et sa pensée n'est autre que son amour : Jésus ! Marie ! les âmes !

Publier ces pages, arrachées au trésor de l'amitié, nous a semblé être un dernier apostolat de celle qui n'a eu

d'autre but ici-bas que celui de passer en faisant le bien
Nous le croyons, la lecture de ces lettres portera des
fruits de fervente piété ; elle prouvera aussi, une fois de
plus, que les cœurs purs sont des cœurs aimants ; pleins de
Dieu, qui est charité, ils donnent ce qu'ils ont, et nul
n'est libéral dans ses affections comme les âmes innocentes
et les âmes de saints.

Nous remercions les amies d'Antoinette, dont la bienveillance nous a permis de lever le voile de leurs intimes
relations avec la sainte enfant. Nous l'avons fait avec
une modeste réserve, et, pour sauvegarder la discrétion,
nous avons supprimé les noms de famille et changé les
prénoms.

A MADEMOISELLE MARGUERITE-MARIE ***

Torchamp (Orne), 23 août 1889.

Ma chère Marguerite-Marie,

Merci mille fois de votre petit mot de mercredi dernier.
Je l'attendais avec impatience pour avoir le double plaisir
de vous lire d'abord, de vous écrire ensuite, puisque
jusqu'ici j'ignorais votre adresse. Je vois que vos vacances
se passent d'une manière fort récréative ; c'est si inté-
ressant de voyager ! Je comprends les goûts du pigeon de
la fable, mais ne finissez pas comme lui par quelques
mésaventures, sur ces belles côtes de Bretagne, que vous
devez visiter maintenant.

Sur notre longue route d'Auvergne en Normandie, nous
nous sommes arrêtés à Tours, malheureusement pas assez
longtemps pour aller jusqu'au Sacré-Cœur de Marmoutier,
La proximité de la maison du vénérable M. Dupont

nous a permis de prier dans cette dévotieuse petite chapelle de la Sainte-Face, où tout respire le recueillement et la sainteté. Après cette pieuse station, nous avons repris nos places en chemin de fer, et de loin j'ai salué les ruines de Plessis-lez-Tours, en me remémorant tous mes souvenirs historiques sur Louis XI et saint François de Paule. J'ai même pensé aux poires Bon-Chrétien, que j'aurais volontiers cueillies et mangées, avec autant de dévotion que de satisfaction (1).

Dans notre cher Torchamp, nous passons de très agréables journées ; aucune ne se termine sans que bien des fois je pense à vous. Je vous aime tant, ma bonne petite Marguerite-Marie ! Mes prières le prouvent, je vous assure. Priez aussi beaucoup pour moi. Demandons l'une pour l'autre que l'année prochaine soit très bonne, et que nous portions dignement notre beau ruban bleu. Nous nous entendrons toujours, n'est-ce pas, pour faire un peu de bien ? Oh ! si nous pouvions être les petits apôtres du Sacré Cœur : l'aimer ardemment, puis le faire aimer !... C'est mon grand désir. Comme j'ai besoin de vous pour m'aider à le réaliser ! vous avez ce qui me manque, bien chère amie, vous êtes bonne et gentille, c'est pourquoi j'ai tant

(1) On sait que François de Paule fut appelé d'Italie par Louis XI. Le roi attendait du thaumaturge la guérison de ses maux et lui avait demandé d'apporter en France quelques-uns des fruits de son beau pays. Le saint se mit en route avec des plants de poiriers, pruniers et noyers ; de ses propres mains il les planta, dit la Chronique, et le jour où il présenta au royal malade le fruit à pépins, Louis XI, dans l'élan de sa reconnaissance, lui donna le nom dont il appelait toujours le serviteur de Dieu ; elles devinrent : les poires du Bon-Chrétien.

d'affection pour vous ; mais moi qui suis si ennuyeuse, si brusque, si orgueilleuse, comment pouvez-vous m'aimer ? Et mes défauts ne vous rebuteront-ils pas à la longue ? Tenez, confiez-moi à la sainte Vierge pour qu'elle me convertisse, je ne sais plus par quel bout me prendre.

Je vis dans l'espoir d'être reçue avec vous le 8 décembre Enfant de Marie. Rien ne me coûtera pour atteindre ce but ; certes, il vaut tous les sacrifices possibles et imaginables. Avoir Marie pour Mère, oh ! quelle gloire, quel bonheur, ma chère Marguerite-Marie ! Le bon Dieu vous a privée des douceurs de l'amour maternel ; il vous a enlevé ce don si précieux, et vous ne pouvez pas verser votre pauvre cœur dans le cœur d'une mère ; mais, ce jour-là, il vous rendra tout. Jésus vous dira : **Je te donne ma Mère à moi !** Que votre Antoinette sera consolée de voir sa chère Marguerite entre les bras de Marie, auprès du divin Enfant Jésus comme frère et sœur ! Nous y serons ensemble, j'espère, et nous resterons là dans ce paradis de la terre, en attendant celui du ciel.

J'ai reçu des nouvelles de ma Mère de S. Que j'ai donc envie d'être bonne, très bonne pour témoigner à nos excellentes Mères du Sacré-Cœur toute ma reconnaissance et ma filiale tendresse ! — Je voudrais savoir qui nous fera la seconde classe l'année prochaine. Je l'ai demandé ; mais il n'est pas dit qu'on me réponde. On s'entend à mortifier notre curiosité ; c'est un défaut si funeste aux femmes !...

Où en êtes-vous de vos devoirs de vacances ? Je m'y suis mise, comme à toutes choses, avec acharnement ;

après avoir rempli un gros cahier, j'ai découvert que je n'avais pas encore fait le cinquième de ma tâche. Maman s'oppose à ce que je continue. Elle trouve plus urgent de me laisser courir au grand air ; l'ordonnance est douce, je la remplirai avec beaucoup de plaisir, tout en ayant le mérite de l'obéissance.

Je vous quitte pour exécuter les volontés maternelles ; je pense à vous, au jardin comme ailleurs, mais surtout dans la prière, car auprès de Jésus et de Marie je vous aime encore davantage. Chère petite Marguerite-Marie, je vous embrasse avec toute ma tendresse.

ANTOINETTE,

Enfant du Sacré-Cœur.

———

Le Ranquet, 24 août 1890.

Votre bonne lettre m'a fait beaucoup de plaisir, chère Marguerite ; je ne veux pas rester plus longtemps sans vous adresser mon remerciement à ce Pouliguen, qui a bien des charmes, je crois. Il paraît que c'est une station balnéaire des plus animées ; vous devez y trouver mille distractions dont je jouis pour vous, sans les envier nullement. Pourtant voir la mer, l'admirer ensemble, remonter de ce grand spectacle jusqu'à Dieu, ce serait bon, n'est-ce pas ? — Irez-vous à Sainte-Anne d'Auray ? Là aussi, j'aimerais à vous suivre. Si vous faites ce beau pèlerinage, ma chère Marguerite-Marie, ayez un souvenir pour moi dans vos prières.

J'ai reçu plusieurs lettres de Belle-Croix depuis le commencement des vacances. On ne parle encore d'aucun départ, mais je tremble d'apprendre celui de Madame Le B. Le bon Maître sait si bien faire faire les sacrifices aux Mères et aux enfants ! Espérons pourtant qu'il ne demandera pas celui-là, et que le 7 octobre, nous retrouverons toutes nos chères maîtresses. Il me tarde aussi de vous revoir, bien chère amie ; voilà trois mois que nous sommes séparées : c'est trop long pour deux amies !

J'entrevois pour l'année prochaine plus d'un moment difficile, surtout dans les débuts : pas de médaillons à la tête du pensionnat, ma chère Marie ne revenant pas, et Gabrielle et Anne-Marie de même, Anna est 3ᵉ ruban ; nous ferons à nous trois un trio bien uni, et tout à fait dans la main de notre bonne Mère de S. pour l'aider dans toute la mesure du possible. En priant beaucoup la sainte Vierge, je crois que tout marchera de façon à rendre Jésus content. Mutuellement, nous nous encouragerons à chercher toujours *le bien* et *le mieux*, pour notre propre compte d'abord, pour nos chères compagnes ensuite, dans la mesure où le bon Dieu nous en donnera l'occasion. Oh ! que je voudrais donc faire un peu de bien, ma chère Marguerite-Marie ! Hélas ! mon mauvais caractère sera toujours un obstacle, cette pensée me cause un vrai chagrin ; priez bien pour votre Antoinette.

Le 8 septembre, en la belle fête de la Nativité, soyons tout particulièrement unies ; il y aura juste neuf mois que nous sommes Enfants de Marie !... Retrouvons-nous chaque jour aux pieds de notre Mère immaculée.

Je vous embrasse très tendrement, comme je vous aime.

Votre amie,

ANTOINETTE,
Enfant de Marie.

Le Ranquet, 22 septembre 1890.

CHÈRE MARGUERITE-MARIE,

Voici que Jésus nous demande le sacrifice que nous redoutions : notre bonne Madame Le B. est partie pour la maison mère, et son absence est un vide qui ne se comblera pas facilement pour nous. J'ai un vrai chagrin de ce départ, mais j'accepte la volonté du bon Maître, et je dis généreusement ce souverain *Fiat* que notre chère maîtresse nous a si bien appris à prononcer du fond du cœur. Qui nous fera la première classe ? Quelle sera notre surveillante générale ? Je voudrais le savoir ; pourtant cela ne changera rien à mes dispositions, car je suis décidée à ne voir que Jésus dans les personnes, et sa volonté dans tout ce qui m'arrivera. Cette pensée de foi me donne du courage, et j'en ai très grand besoin ; les séparations me coûtent tant !

La pensée de vous retrouver, chère Marguerite-Marie,

adoucit mon chagrin ; je remercie Notre-Seigneur de me ménager cette joie. Qu'il est bon de mettre toujours ainsi une petite fleur à côté d'une épine ! Nous ferons quelque chose pour lui, n'est-ce pas ? En nous dévouant pour nos compagnes, en faisant du bien par le bon exemple et la prière, en nous montrant des *enfants de devoir*, j'espère que nous réjouirons son Cœur. Il bénira et soutiendra nos efforts, chère petite amie ; il nous aidera à être constamment généreuses ; confions-nous à lui, et à la sainte Vierge que vous aimez comme moi.

Je prie souvent à votre intention cette bonne Mère du Ciel ; je lui demande de vous consoler, ma pauvre amie, et de remplacer le plus possible celle que le bon Dieu vous a enlevée, alors que vous commenciez seulement à goûter les douceurs de sa tendresse. Du haut du Ciel, elle veille sur vous avec cette affection et cette sollicitude dont elle vous entourait sur la terre ; elle vous protège, vous et tous les siens qu'elle a laissés dans la peine. Le bon Maître ne lui accorde-t-il pas de vous aider elle-même à lutter, à souffrir ici-bas, en attendant que vous alliez la retrouver au Ciel ? Là-haut, chère Marguerite-Marie, plus de séparations ; vivons dans le souvenir et dans l'espérance de ce séjour du bonheur.

A Dieu, à bientôt, nous nous retrouverons dans notre Belle-Croix ; en attendant, prions l'une pour l'autre, et restons unies dans le cœur de notre Mère immaculée.

Votre amie,

ANTOINETTE,
Enfant de Marie.

Le Ranquet, 16 septembre 1891.

MA CHÈRE MARGUERITE-MARIE,

Je vous aurais écrit, il y a bien des jours, si j'avais su où vous chercher ; mais, ignorant votre adresse, je m'abstenais par respect pour la vertu de prudence. Aujourd'hui, mon affection dit : Tant pis ! et je hasarde cette lettre à mes risques et périls.

Que devenez-vous donc, chère Guite-Marie ? Passez-vous de bonnes vacances ? Avez-vous été à Belle-Croix ? Comment va votre petite nièce ? Je suis sûre qu'elle fait votre bonheur. Répondez, je vous en prie, à ce questionnaire d'amitié ; vous savez trop combien je vous aime pour douter du plaisir que me causent vos bonnes lettres.

Je n'ai pas encore appris de départs dans notre Belle-Croix, mais j'en ai la perspective ; ma Mère de S., sans doute pour me donner les mérites du sacrifice appréhendé, m'a écrit qu'il y en aurait prochainement. Quels seront-ils ? Je ne sais, et je m'efforce de faire par avance des actes de soumission à la volonté du bon Dieu.

Je pense sans cesse à l'année prochaine : entrer en classe supérieure me ravit, et je remercie le Cœur de Jésus de m'avoir ménagé ces dix mois, dont je sens l'importance et le prix. Que je plains celles de nos compagnes obligées de quitter le Sacré-Cœur avant d'avoir terminé ainsi leur éducation ! Cela me fait l'effet d'un édifice sans couronnement. Si j'avais une voix puissante et autorisée, je dirais à beaucoup de mères de famille : « Pour le bien et le bonheur de vos enfants, mettez-les à Belle-Croix, afin d'être préparées à leur première Communion, puis laissez-les jusqu'à leur classe supérieure inclusivement. » Peut-être mon éloquence serait-elle persuasive ? Mais le bon Dieu s'en passe... On dit que nous aurons beaucoup de nouvelles cette année. Pauvres petites, nous les aiderons ensemble, chère Marguerite ; elles ne savent pas encore, aussi bien que nous, qu'une seconde famille leur est donnée au Sacré-Cœur.

La pensée d'être à la tête du pensionnat m'effraie quelque peu ; je suis sûre que je ferai des sottises et que je ne saurai pas m'en tirer comme nos prédécesseurs. Heureusement vous serez là, Guite-Marie ; votre cœur sera mon bon génie, et nous nous soutiendrons si bien que l'entente facilitera toutes choses. Comptons sur Notre-Seigneur et la sainte Vierge ; demandons-leur la grâce de remplir notre petite mission, et de faire du bien partout où nous serons.

Françoise rentre avec moi au Sacré-Cœur, et j'en suis enchantée. Tous nous partirons pour Moulins le 6 octobre, à cause du mariage de ma cousine de P. Marie ira à la soirée du contrat, et moi, grâce à mon titre d'élève, je resterai tranquillement rue de Decize avec Madeleine, Anne-Marie et ma sœur. Cette petite soirée *en quadrille* ne sera certainement pas dénuée de charmes... Le lendemain, nous assisterons à la Messe du septième sacrement, au lunch qui suivra ; puis le soir, comme si de rien n'était, nous franchirons la chère porte de Belle-Croix. Puissions-nous ne pas trouver trop de vides parmi nos bonnes maîtresses !...

N'oubliez pas nos pieux rendez-vous d'Enfants de Marie. Je me suis entendue avec les âmes du purgatoire pour avoir le souvenir plus fidèle. Tous les matins, je vous retrouve aux pieds de la sainte Vierge, dans notre *Memorare* mutuel ; dans le cours de la journée, c'est plus d'une fois que ma pensée vous amène ici, ou m'entraîne aux Chaulets.

La cloche du déjeuner m'oblige à m'arrêter. A Dieu, chère Guite-Marie. Je vous aime.

ANTOINETTE,
Enfant de Marie.

——————

Le Ranquet, 19 septembre 1892.

Votre bonne lettre m'a causé une douce joie, ma bien chère Marguerite-Marie ; j'aurais voulu vous en remercier plus tôt, mais tous les imprévus des vacances ne me permettent pas de causer, comme je le voudrais, avec mes amies. Le silence ne m'empêche pas de penser toujours à elles, et de les aimer du fond du cœur ; vous le savez, je crois, d'une science certaine ?

Chère, bien chère amie, comme je serai avec vous demain par la prière et par le cœur !..... Quel douloureux anniversaire que celui de ce 20 septembre, où le bon Dieu vous a repris une mère tant aimée ! Elle était mûre pour le Ciel, Jésus l'y a appelée bien vite... Là-haut, elle vous attend, elle vous aime, plus encore qu'elle n'aurait pu le faire sur la terre ; vous la retrouverez un jour, ma pauvre Marguerite-Marie ; mais je comprends le vide immense qu'elle vous a laissé, vide que vous sentez maintenant. Courage, chère amie ; rapprochez le Ciel de votre cœur, et regardez celle qui vous protège avec amour, vous et tous les vôtres. Puis, n'êtes-vous pas l'enfant bien-aimée de Marie ?... *Elle est si bonne, notre Mère du Ciel !*

Je joins à ma lettre un petit souvenir que j'ai été heureuse de pouvoir faire pour vous, ma Guite-Marie. Vous serez indulgente pour l'exécution, et vous verrez seulement le cœur de votre amie si plein d'affection pour vous.

Encore de nouveaux sacrifices dans notre Belle-Croix !... Le Cœur de Jésus dit toujours : *Sitio !* Et nous, il faut dire notre *Fiat* avec nos bonnes Mères. Oh ! que les séparations sont contre nature ! Pour moi, c'est un arrachement violent, j'en suis toute bouleversée. Quand reverrons-nous maintenant ma Mère S. et Madame Le B. ? Le bon Dieu le sait... ; mais je n'ai aucune espérance de les retrouver ni l'une ni l'autre, avant le *grand rendez-vous du Ciel.*

Je comprends vos appréhensions en vous trouvant seule à la tête du pensionnat ; tant de fois j'ai éprouvé ce que vous sentez en ce moment ! Plus on veut le bien, je crois, plus on tremble de ne pas le faire ; mais il faut s'abandonner au bon Maître, et tout remettre entre les mains de la sainte Vierge ; les choses se facilitent si bien avec elle !

De loin, je vous aiderai par mes pauvres prières, comme je le ferais de bon cœur d'une autre manière, s'il m'était donné de passer encore quelques mois au Sacré-Cœur. Autant je suis heureuse de me retrouver en famille, autant je souffre de l'éloignement de Belle-Croix ; c'est un sacrifice à renouveler tous les jours. Priez beaucoup pour votre Antoinette, ma Guite-Marie ! elle est si effrayée de son entrée dans le monde !...

Grâce à une interruption de ma lettre, je puis vous annoncer la *douce, très douce* perspective d'un voyage à Lourdes. Il y a longtemps que je le dois à la sainte Vierge, qui a bien voulu me guérir plusieurs fois, et je n'avais pas au cœur de plus cher désir. Il est donc décidé, depuis ce matin, que Marie et moi nous suivrons avec papa le pèlerinage de Clermont. Nous partirons le mardi 27, et reviendrons le samedi 2. Je ne puis croire encore à mon bonheur, et je voudrais vous le faire partager. Oui, mon rêve serait d'être aux pieds de la sainte Vierge avec vous... Ce serait si bien, si bon !.. Et pourquoi pas, chère Guite-Marie ? Ne puis-je pas dire : A bientôt ! A Lourdes !

Votre sœur et amie,

ANTOINETTE,
Enfant de Marie.

Le Ranquet, 4 octobre 1892.

Ma chère Marguerite-Marie, je veux que vous trouviez un mot de votre Antoinette en arrivant à Belle-Croix, afin que vous sachiez combien elle pense à vous.

Je vous ai confiée, consacrée, comme une sœur chérie, à la Vierge immaculée de Lourdes. D'une manière très spéciale, je l'ai priée de bénir cette nouvelle année et de vous aider elle-même à remplir votre mission si réelle et si sérieuse. On ne cherche pas sincèrement le bien pour soi et pour les autres, sans avoir un bon petit bénéfice de critiques, d'ennuis et de souffrances ; mais n'ayez pas peur, chère Guite-Marie, Jésus et Marie seront toujours *avec* vous et *pour* vous. Auprès d'eux, vous puiserez le courage d'aller *quand même* au-devant de tout ce qui vous semble être un devoir.

Livrez-vous à fond à notre si bonne Mère de S. ; je ne puis vous dire quelle force et quel secours vous trouverez là ; portez-y les autres, c'est vraiment le canal par où Jésus fait passer à ses enfants les meilleures de ses grâces. Chaque jour je prierai pour vous, et pour toutes les Enfants de Marie ; demandez-leur de ne pas oublier tout à fait leur mauvaise présidente, qui les a tant aimées, et les aime toujours, dans le Cœur immaculé de notre Mère du Ciel.

Courage, chère et bien-aimée Marguerite-Marie ; si vous le pouvez, écrivez-moi souvent ; cela me fait un si grand

bien d'entendre parler de mon Belle-Croix que je pleure
encore... *Fiat !*

A Dieu ! Je suis à vous avec tout mon cœur.

ANTOINETTE,
Enfant de Marie.

Le Ranquet, 14 décembre 1892.

Chère Marguerite-Marie, quel affectueux merci j'ai hâte
de vous envoyer pour la ravissante image, glissée dans
mes affaires de voyage ! Je ne m'étais aperçue de rien,
et je viens d'avoir la surprise en défaisant mon sac. Vous
êtes trop gentille de penser toujours ainsi à votre amie
et à ce qui peut lui être agréable. Mon cœur est sensible à
ce cher souvenir du 8 décembre 1889 et 1892 ; la date nous
est si précieuse ! J'ai été on ne peut plus heureuse de passer avec vous cette belle fête, *notre* fête plus que toutes les
autres, depuis le grand jour où nous avons fait ensemble
notre consécration à Marie. Je remercie ma Mère immaculée d'avoir permis que nous soyons encore une fois réunies
à ses pieds, pour lui redire ensemble que nous sommes
siennes, absolument siennes ; toujours le *Tua sum ego,* n'est-
ce pas ? C'est la force et la sécurité de la vie, en attendant
que ce soit notre dernier élan à la porte du ciel.

Je crois bien que nous ne nous retrouverons plus
comme l'autre jour, mais je remercie de toute mon âme

ma divine Mère de m'avoir réservé ce bonheur si réel et si doux. C'est à elle encore que j'ai confié tout ce que j'aurais voulu vous dire, ma Guite-Marie; je ne l'ai pas fait, car le triste moment de l'adieu est trop vite arrivé. Soyez mon interprète et celui de ma sœur auprès de mes chères compagnes, spécialement les Enfants de Marie et la classe supérieure. Impossible de dire combien nous avons été touchées de l'affection avec laquelle on nous a reçues; c'était bien l'accueil d'une famille, avec des Mères et des sœurs tendrement aimées. Merci du fond du cœur, cela nous a fait tant de bien ! Jamais nous n'oublierons ces 8 et 9 décembre 1892 ! Et maintenant qu'il faut de nouveau nous compter parmi les absentes, priez pour votre amie, et retrouvez-la souvent dans le Cœur de Celui qui est le lien et le centre de notre affection.

Pardon de cette lettre écrite en courant, et le cœur tout ému encore des mille souvenirs de Belle-Croix...

Croyez, chère Marguerite-Marie, à la vive tendresse de votre sœur et amie.

ANTOINETTE,
Enfant de Marie.

* * *

Le Ranquet, 26 janvier 1893.

Je n'ai qu'un instant, chère amie, mais je veux qu'au beau jour de la clôture de votre retraite, vous ayez un mot d'union et d'affection de votre Antoinette. J'ai prié pour vous de toute mon âme pendant ces heures précieuses, où Jésus comble de tant de grâces. La dernière retraite au pensionnat est plus importante encore que les autres ; l'avenir est là, on sent le besoin de le préparer par la prière, et de s'attacher fortement à Notre-Seigneur. Je suis sûre que le Cœur de Jésus vous a comblée, et que la sainte Vierge vous a bénie plus que jamais... Ils se surpassent en bontés, dans ces moments où les âmes de leurs enfants sont en jeu.

Est-il bien vrai, ma chère Marguerite-Marie, que je ne doive pas vous retrouver à la retraite des anciennes? Non, je ne puis me faire à cette idée; notre Mère immaculée ne permettra pas votre départ à Pâques. Pour moi, je le lui demande de tout mon cœur, et sa puissante tendresse vous obtiendra de finir cette année de classe supérieure à Belle-Croix. Toutes nos amies vont se mettre en ferveur pour vous garder... Je compte donc sur une lettre, m'annonçant bientôt que la cause est gagnée par la *légion des petits avocats priants*. Encore une fois, nous pourrons ensemble renouveler notre chère consécration aux pieds de *Mater Admirabilis*.

Je pense que vous avez vu ma Mère V., et que vous avez pu apprécier sa maternelle bonté. A l'occasion, redites-lui ma respectueuse et filiale affection.

A Dieu, chère Marguerite-Marie ; priez pour votre vieille amie qui vous aime de tout son cœur.

ANTOINETTE,
Enfant de Marie.

Torchamp, *14 juin 1893*.

Chère Marguerite-Marie, je ne veux pas laisser partir la lettre de Françoise, sans y joindre un mot d'affection pour vous. Voilà bien longtemps que je garde le silence, et cependant ma pensée s'occupe sans cesse de vous, ma douce Guite-Marie. Mon cœur vous suit chaque jour au milieu des belles fêtes de ces derniers mois, et je revis mon cher passé... Ces occupations qui se multiplient et nous donnent l'air de personnes affairées ou importantes ; ces surprises qui se préparent au grand jour ; ces exercices de pièces, répétitions de chant, etc. : je vois tout cela, j'y assiste et je ressens de douces émotions.

Comme on voudrait pouvoir retenir les heures qui s'envolent rapides, quand on se dit : C'est la dernière fois ! Oh ! le *bon*, le *beau* temps du pensionnat ! Jamais on ne le retrouve, c'est un bonheur si pur, si tranquille !... Mais ce n'est qu'un acheminement à la vie réelle, et là, il s'agit de faire valoir les talents confiés par le divin Maître. L'exploitation est difficile parfois... Priez pour votre amie; je le fais pour vous, pour toutes les Enfants de Marie... Je pense que le petit troupeau ne donne que des consolations à nos bonnes Mères?

En qualité de sœur et d'amie, permettez-moi de vous demander vos prières pour la guérison d'une de mes petites cousines de la Messuzière. La pauvre fillette est dans une gouttière depuis quinze jours, et y restera peut-être des années, tant son état est grave. Nous n'avons absolument d'espoir que dans le bon Dieu, et nous faisons une neuvaine à la Sainte Face pour obtenir la guérison, inespérée des médecins. Notre foi est entière, et il nous semble impossible de n'être pas exaucés dimanche prochain, clôture de la neuvaine. Je sais votre confiance dans la prière, chère Marguerite-Marie ; unissez-vous à nous, je vous le demande fraternellement ; nous nous aimons assez pour agir toujours ainsi.

A Dieu, croyez à ma tendre affection.

ANTOINETTE,
Enfant de Marie.

Le Ranquet, 12 décembre 1893.

Que votre bonne lettre m'a donc fait de plaisir et de bien, ma chère Guite-Marie ! Merci de tout cœur de ces excellentes lignes dans lesquelles je vous retrouve tout entière ; elles m'ont apporté le premier écho de la belle fête de l'Immaculée Conception dans notre Belle-Croix... Je n'essaie pas de vous dire mes intimes et profonds regrets, en me sentant loin de vous, à cette date qui rappelle les incomparables souvenirs de 1889 ; je ne saurais non plus vous exprimer l'union de mon cœur, de mes prières, enfin tout ce que j'aurais tant aimé à vous dire de vive voix, vendredi dernier. Tout cela vous l'avez deviné, chère Marguerite-Marie, et notre Mère immaculée vous l'a dit tout bas, j'en suis sûre ; elle unit si bien ses enfants !...

Vous êtes trop gentille de vous être privée du charmant souvenir de ma Mère pour l'envoyer à votre Antoinette. Cette affectueuse pensée m'a touchée, je vous remercie de tout cœur. Je relirai souvent notre belle devise, et toujours je penserai à vous en la voyant.

Comme je suis heureuse que notre chère S. ait eu sa part de cette douce fête de famille. Votre présence aura été une vraie joie pour elle, et réciproquement... Vous aurez pu parler du bon vieux temps, et des sœurs absentes.

Merci d'avoir pensé à moi en renouvelant votre consécration ; je l'ai faite toute seule, avec le plus de ferveur possible, m'unissant à vous deux que j'aime tant. Du reste, je vous ai fidèlement suivies à chaque instant de la journée ; faut-il vous avouer que j'ai senti souvent de grosses larmes dans mes yeux ?... Mais vite j'offrais mon sacrifice à Notre-Seigneur, je réclamais une bénédiction maternelle de la sainte Vierge, et le courage revenait. De plus en plus je constate que je ne sais rien faire sans l'aide de ma Mère immaculée ; j'ai besoin d'elle à tout instant ! Je suis sûre que vous aussi, ma douce Guite-Marie, vous aimez à l'appeler souvent à votre secours ?

Pauvre amie, bien des affections manquent à votre cœur. Comme je voudrais être quelquefois près de vous, et savoir vous faire du bien, autant que je sais vous aimer !... Du moins, croyez-le, je prie fréquemment pour vous ; je sens, par moi-même, que vous devez sentir le besoin d'être aidée du Ciel. Il y a tant de peines et de sacrifices sur notre pauvre terre ! Notre douce vie du pensionnat a ses petites épines; mais qu'est-ce que cela, en regard du sérieux et des difficultés de la vie réelle ? Le devoir a parfois des côtés si pénibles, et le secours semble insuffisant à notre faiblesse ; les joies n'arrivent que mêlées à la tristesse, et l'on est vraiment effrayé en se trouvant en face de ces réalités, un peu soupçonnées de loin, mais pas dans tout leur vrai jour. Je me redis sans cesse le mot *courage*, et je m'abandonne à Jésus par les mains de Marie. « *La volonté « du Père » est le meilleur du toutes choses*, comme le disait si bien notre bonne Madame Le B. Vouloir ce que Dieu fait, et faire ce qu'il veut, c'est ce qui nous équilibre dans la paix, et il faut en venir là, ma chère Marguerite-Marie.

A Dieu, amie très aimée ; je vous envoie toute ma tendresse. Priez pour moi, n'est-ce pas ? C'est la grande preuve d'affection que je ne me lasse pas de solliciter.

Votre ANTOINETTE,
Enfant de Marie.

Le Ranquet, 8 janvier 1894.

Ma chère Marguerite-Marie, je m'installais pour vous écrire, lorsque votre bonne lettre m'est arrivée. Je vous envoie mon plus tendre merci, avec mes meilleurs vœux pour 1894. Puisse cette nouvelle année vous apporter joies et bénédictions du Ciel, et être vraiment heureuse pour vous et tous ceux qui vous sont chers! Je le demande au bon Dieu avec mon cœur d'amie, si plein d'affection pour vous, ma très chère petite sœur. Madame Le B. m'écrit que Madame du B. est mourante, et je ne cesse de penser à cette bonne Mère, si près du ciel. Sa belle âme était faite pour exciter l'envie de Jésus ; il va la cueillir pour son jardin du paradis, et il se fera gloire de son lis ; mais quel vide pour tous ceux qui l'aimaient ici-bas ! Je voudrais assister à cette mort ; ce doit être si beau, ce départ d'une âme dont tous les liens sont déjà brisés, et qui n'a pas devant elle l'abîme du péché pour l'épouvanter ! Il me semble voir la vie religieuse si bien au niveau du Ciel qu'on y passe comme de plain-pied. Du reste, dans la vie de notre Vénérable Mère Barat, les exemples de saintes morts, cités par Mgr Baunard, sont faits pour donner envie de mourir Religieuse du Sacré-Cœur. Je relis ce chapitre quelquefois pour faire pousser les ailes...

Ah! qu'il ferait bon échapper un peu à la terre, il y a tant de tristesses partout ! Voyez la pauvre Madeleine pleurant sa sœur ; Louise, son père ; Marie inquiète pour Gabrielle, atteinte d'une pleurésie ; enfin de tous côtés l'horizon est sombre, et pour voir un *bleu serein*, il faut regarder droit du côté du Ciel. Que sera cette année 1894 pour votre amie ? Je ne le sais, mais il me semble que le *Fiat* est toujours la plus sûre des réponses à nos points d'interrogation.

Nous allons passer encore ici le mois de janvier, puis nous irons, un peu tardivement, prendre nos quartiers d'hiver dans le chef-lieu. Ce que nous voulons, c'est sanctifier notre carême ; on est si privé à la campagne !

Adieu, chère Marguerite-Marie ; merci encore de votre excellente lettre. Mille affectueux baisers de la part de

Votre sœur et amie.

ANTOINETTE,
Enfant de Marie.

A MESDEMOISELLES MARIE ET JEANNE ***

Belle-Croix, mardi 5 avril 1891.

Ma chère petite Marie,

Je n'ai qu'un instant, mais je veux venir tout de suite vous dire combien je pense à vous. Votre sacrifice est aussi le mien, je vous assure, et mon cœur le sent vivement ; mais en parler renouvellerait votre peine ; ce que je puis vous dire, c'est que vous me manquez plus que je ne saurais l'exprimer !... Avec Yvonne nous avons parlé hier de notre chère absente, et nous le ferons souvent encore... Bonne Yvonne, tout lui sourit, et contribue à la mettre en relief. Je lui ai dit un mot de ce que j'en pensais, et elle comprend, je crois, qu'au bout du compte les honneurs et les succès ne sont pas la voie la plus pratique pour arriver au Ciel !

Madeleine, qui partait si joyeuse, a passé de tristes vacances. Son cher frère est maintenant là-haut ; quel vide il laisse au milieu des siens ! Et voici la vie ! deuils, séparations, tristesses ou déceptions... Mais c'est un revers de médaille ; le beau côté sera le paradis, qui vaut bien les peines que l'on souffre.

Il y a des vides au pensionnat ; pour le moment nous ne sommes plus que deux médaillons, au lieu de quatre. Nous allons faire tout notre possible pour que sagesse et travail ne laissent rien à désirer, et que Notre-Seigneur surtout soit très content de sa petite famille de Belle-Croix. Priez pour que les choses aillent selon son Cœur durant ce trimestre ; pour moi, une prière spéciale, je vous en prie. Vous savez si de mon côté mon souvenir est fidèle auprès du bon Maître ?... Oui, prions beaucoup l'une pour l'autre. Dites-moi un peu ce que vous faites, comment vous allez. Mais pourtant, pas de fatigue pour m'écrire, j'en serais désolée !...

Je vous quitte trop vite, ma pauvre Marie ; le devoir m'attend à l'ouvrage, et je ne veux pas manquer à la consigne des enfants du Sacré-Cœur : « Le devoir avant tout, « le devoir toujours. » Je vous embrasse très tendrement, comme je vous aime. Confions-nous bien à la sainte Vierge.

A Dieu et courage.

Votre amie,

Antoinette.

P. S. — Je ferai mon possible pour vous remplacer auprès de votre chère Jeanne ; votre absence lui laisse un grand vide.

Le Ranquet, 21 novembre 1892.

Chère Marie, j'ai sous les yeux une lettre pour vous, commencée depuis si longtemps que je n'ose vraiment pas l'envoyer. Aujourd'hui, c'est à la hâte que je saisis quelques instants libres pour rompre enfin ce long silence, inexplicable, n'est-ce pas ? Ma bonne petite amie, vous me le pardonnerez quand vous en saurez la triste raison : notre chère maman est malade. Le 5 octobre, elle est allée conduire à Belle-Croix Françoise et Gabrielle ; elle nous est revenue avec une forte bronchite, qui ne cède ni aux vésicatoires, ni aux pointes de feu. C'est désolant, et nous nous demandons avec angoisse quand notre pauvre maman se remettra. La période aiguë est passée, mais la convalescence est d'une longueur dont on ne voit pas la fin, et la moindre chose peut amener une rechute. Je vous assure, ma bien chère Marie, que l'anxiété nous met comme sur des épines et nos cœurs ne sont guère à la joie. Les journées sont bien remplies auprès d'une malade : soigner, distraire, tenir compagnie, cela occupe du matin au soir, sans laisser le temps d'écrire à ses amies ; c'est un sacrifice ! De plus en plus, je vois que le bon Dieu les sème à profusion sur la terre ; il nous prépare ainsi des gerbes de joie pour l'éternité. Ouvrons donc nos cœurs à ces petits grains qui semblent si durs, mais qui promettent une belle récolte pour le Ciel ! J'ai tout à fait envie d'être généreuse, et pour de bon !... Priez un peu pour nous, ma petite Marie, et pour la guérison de notre chère maman ; notre confiance est surtout en Notre-Dame de Lourdes qui certainement nous exaucera.

J'ai de bonnes nouvelles de notre cher Belle-Croix ; tout ce qui vient de là possède le don de me remonter et de me faire du bien ; aussi je demande à Notre-Seigneur la grâce d'une lettre, comme je lui demande un secours nécessaire. Que nous sommes heureuses et privilégiées, ma chère Marie, d'être enfants du Sacré-Cœur ! Je crois qu'au Ciel seulement nous comprendrons le bienfait de notre éducation ; mais « noblesse oblige », et nous devons être plus chrétiennes et plus ferventes que d'autres...

A Dieu, ma bonne et très bonne amie ; soyez sûre que rien ne m'empêche de penser beaucoup à vous. Marie vous envoie mille et mille amitiés, et moi je vous embrasse avec toute ma tendresse, comme une vieille amie qui vous aime du fond du cœur.

ANTOINETTE,
Enfant de Marie.

Le Ranquet, samedi 7 janvier 1893.

Ma chère Marie et ma chère Jeanne, je suis si en retard pour mes lettres du premier de l'an que vous me pardonnerez ces pages collectives, et vous voudrez bien accueillir mes vœux, malgré la date de l'octave. Vous le savez, mes bonnes amies, ils sont affectueux et sincères les souhaits que je forme, et je les ai confiés au divin petit Roi de la crèche afin qu'il les réalise, et vous comble de ses meilleures grâces durant cette année 1893.

Vos bonnes lettres m'ont fait le plus grand plaisir, et je vous en remercie de tout cœur. Je comprends fort bien, je vous assure, les difficultés qui vous empêchent d'écrire souvent, car je suis tout à fait dans le même cas, et c'est chaque jour qu'il me faut renoncer aux plus chers projets de correspondance. Le bon Maître aime le sacrifice des plaisirs de cœur !... Toutes mes amies me reprochent mon silence, et toutes ne le comprennent pas aussi bien que vous. Du reste, cela ne nous empêche pas de penser beaucoup les unes aux autres, n'est-ce pas ? Puis la prière est le lien qui nous unit toujours, et comme il est fort !

Que je vous ai regrettées pour le 8 décembre ! Nous étions si heureuses, Marie et moi, de nous retrouver dans notre cher Sacré-Cœur, près de nos Mères et de nos sœurs de l'année dernière ! Ces deux jours ont été doux, délicieux, réconfortants au possible. Les chères absentes n'ont pas été oubliées. Le grand vide de notre bonne Mère S. a fait couler bien des larmes ; mais nous avons senti que Jésus nous avait donné une autre Mère, une autre lui-même, dont le cœur est rempli de la plus maternelle bonté. Toutes nous avons pu lui faire une petite visite particulière dont nous avons été très heureuses.

J'aurais voulu vous écrire de Belle-Croix, bien chères amies, mais vraiment la chose était impossible ; les heures passaient comme un songe durant ce charmant petit séjour, si vite écoulé. Depuis, je me désolais tous les jours du retard de ma lettre, sans pouvoir trouver le temps de l'écrire ; pardonnez-moi à cause de mes regrets.

— Je suis en ce moment devant ma chère Notre-Dame du Bon-Conseil qui me rappelle nos bons souvenirs de classe supérieure. Notre *quatuor partagé* est toujours bien *entier* dans l'affection et les prières, me dit Madame B. ; le *duo* qui reste au Sacré-Cœur se trouve fort heureux de son sort. Il nous donne rendez-vous à la retraite des anciennes ; c'est là que j'espère vous retrouver toutes deux. Jeanne aura-t-elle son brevet? Je ne savais pas que vous prépariez vos examens, et je pense que vous devez avoir beaucoup à travailler. Quel dommage que vous ne soyez pas à Belle-Croix ! Mais Jésus le veut ainsi, c'est pour le mieux ; puis Marie doit être enchantée de vous avoir.

Merci, chères petites amies, de me demander si affectueusement des nouvelles de maman ; vous êtes bien bonnes d'avoir prié avec nous ; je vous demande de continuer encore, car elle n'est pas guérie ; le mieux est réel cependant, mais c'est toujours la convalescence, et maman ne peut sortir, même en voiture, pour aller à la messe. Depuis trois longs mois, c'est une grande privation.

A Dieu, chères et bien chères amies, vous savez combien je vous aime toutes les deux ; priez pour votre pauvre Antoinette qui vous embrasse de tout cœur.

Toute vôtre,
Enfant de Marie.

Le Ranquet, 31 décembre 1893.

MES CHÈRES PETITES AMIES,

Je suis confuse de répondre seulement aujourd'hui à vos bonnes lettres qui m'ont fait tant de plaisir. Elles sont venues me réjouir à un moment où j'en avais bien besoin, car ma chère Marie était malade, et j'étais si occupée d'elle que je n'ai pu songer à prendre la plume. Grâce à Dieu, cette fatigue qui, au début, nous avait inquiétés, a été peu de chose, et maintenant Marie a repris la vie commune et va très bien.

Que vous êtes donc gentilles, mes chères amies, de ne pas oublier votre Antoinette ! De mon côté, je pense souvent à vous et vous retrouve toutes les deux auprès du bon Maître; c'est là que je prie à vos intentions de toute mon âme, et c'est là aussi que je dépose mes vœux les meilleurs. Les mains du cher petit Jésus vont s'ouvrir pour les prendre, et son Cœur parlera de ma part. Qu'il vous donne joies et bénédictions pour cette nouvelle année que je vous souhaite bonne, sainte et heureuse. Nous nous retrouverons à la retraite des anciennes, *si le bon Dieu le veut :* tout est conditionnel dans notre existence..

D'ici là, prions beaucoup les unes pour les autres, et tâchons de conserver un peu de joie au milieu des sacrifices et des peines. Oh ! qu'il y en a sur cette pauvre terre ! Je ne comprends pas que l'on puisse vivre sans la pensée du Ciel, qui, elle, a le don de dilater le cœur malgré tout. « Souffrir passe ; avoir souffert ne passera pas »... Puis « le Seigneur aime le donateur joyeux ». Alors, donnons-lui comme il aime ! Le bon Maître nous envoie en ce moment une vraie consolation : l'arrivée de nos amies d'H. à Clermont. Vous devinez combien cela nous rend heureuses.

Nous pourrons reprendre nos bonnes relations et nous voir souvent, car le carême se passera en ville à notre grande joie.

Françoise et Gabrielle sont avec nous depuis jeudi, et les questions ne finissent pas pour avoir mille détails sur notre cher Belle-Croix ; en entendre parler est toujours un ravissement. La fête de l'Immaculée Conception a été très belle, paraît-il ; j'avais envoyé mon bon ange jouir à ma place, et faire mes commissions à mes amies. Que de choses je voudrais encore vous dire ! Mais l'heure me presse et il faut me taire bien vite. Marie ne veut pas être oubliée près de vous.

A Dieu, mes bonnes et chères amies, je vous embrasse avec toute ma tendresse ; priez un peu pour moi, s'il vous plaît, et croyez que je pense bien souvent à vous.

Votre amie,

ANTOINETTE,
Enfant de Marie.

A MESDEMOISELLES MARIE-THÉRÈSE

ET MARIE-ANGÈLE ***

Torchamp, 15 juin 1893.

Vous êtes une perfection d'amie, ma chère Marie-Angèle, et votre bonne lettre du 9 juin est venue m'assurer une fois de plus de l'affection que vous voulez bien témoigner à votre amie, qui, elle aussi, vous aime tant ! J'ai sous les yeux votre chère missive du 19 mai, et je suis toute confuse en voyant à quel point je suis en retard avec vous ! Pardon, bonne Marie-Angèle, vous savez que ce n'est pas *oubli* de ma part, et merci d'être si gentille pour votre petite sœur de Normandie !

Faut-il vous dire que j'ai pensé à vous le jour de la fête du Sacré Cœur ?... Vous l'avez senti, n'est-ce pas ? et je sais que vous avez prié pour moi : merci !

Je serais très heureuse d'avoir ce que vous avez pu copier de la messe du Sacré-Cœur ; je l'ai toujours beaucoup désiré ; mais, je vous en prie, ne vous donnez pas la peine de l'écrire vous-même. En lui recommandant la discrétion, Françoise pourrait peut-être me le copier, un jour ou l'autre, pendant l'écriture ; vous devez avoir tant à faire, ma pauvre amie ! Je sais par expérience ce qu'est ce dernier trimestre, et je vous assure que je n'ai pas envie de vous embarrasser encore de mes désirs indiscrets.

J'ai reçu, en même temps que la vôtre, une lettre *plus que* parfaite de notre bonne Mère de S. ; je vous demande de l'en remercier bien fort de ma part, en attendant que je le fasse moi-même.

Je pense que j'aurai le bonheur d'aller voir ma Mère S. à Laval, au commencement de juillet. Elle m'a écrit l'autre jour en m'invitant affectueusement, et ma chère et bonne grand'mère m'y enverra dès que la chose sera possible, c'est-à-dire dans une quinzaine de jours. Mon grand-père, qui était malade il y a trois semaines, est presque complètement remis, et nous remercions le bon Dieu de lui avoir rendu une santé précieuse à tous les siens. Je suis très heureuse à Torchamp où grand-père et grand'mère sont si bons et si affectueux pour moi, et où je retrouve de chers souvenirs ! Ce n'est pas sans émotion que je suis rentrée dans ce bien-aimé Torchamp, trop grand, hélas ! maintenant. Je ne l'avais pas revu depuis 1889, et j'y ai trouvé des vides douloureux. Au lieu de courir joyeuse, embrasser la mère tant aimée de nos trois petits orphelins, il m'a fallu aller au cimetière, pleurer sur une tombe ! Il me semble encore entendre la douce voix de ma chère tante, me disant de ces choses pleines de charme et d'affection dont elle avait le secret ! Sa petite Anne est un bijou d'enfant, intelligente, et gaie comme un pinson, comprenant tout, écoutant tout, et parlant de tout. Je vous assure que, même quand on la gronde, j'ai un peu de peine à tenir mon sérieux. Mon Dieu, que c'est donc gentil les enfants, et comme je comprends bien que Jésus les aime d'un amour de prédilection !

Merci, Marie-Angèle, à vous et à Marie-Thérèse, de vouloir bien prier pour notre chère petite cousine Marthe; c'est pour nous un chagrin et une préoccupation de tous les instants, et si elle guérit, ce ne sera pas avant des années. Ayant peu à attendre de la science humaine, nous plaçons notre espoir dans le bon Dieu, et nous faisons tous, avec une *foi absolue*, une neuvaine à la Sainte Face, qui se termine demain ; mon oncle et ma tante ont une douleur immense, mais une résignation et une confiance plus grandes encore. Ma tante nous écrit aujourd'hui qu'elle compte voir sa chère fillette guérie demain soir, à la clôture de la neuvaine ; la pauvre petite infirme elle-même l'espère tellement qu'elle fait mille projets pour le jour où elle pourra marcher ! Elle demande au bon Dieu de la guérir, avec un accent suppliant, qui arrache des larmes à sa mère, et doit certainement toucher le Cœur du bon Maître... Je la trouve angélique, cette petite fille de quatre ans qui déjà a tant souffert, et cela ne m'étonnerait pas qu'elle fît envie au bon Dieu, pour orner son beau Ciel d'un ange de plus !... Mais j'ai la confiance qu'il la conservera à ses pauvres parents, dont la foi mérite cette grâce et ce bonheur. Priez encore, s'il vous plaît, mes petites sœurs chéries ! Pardon de vous tant occuper de ce qui remplit ma pensée et mon cœur ; mais vous savez que je vous parle comme à une sœur bien-aimée, avec un entier abandon...

Et ma pauvre Marie-Thérèse, que de choses j'ai à lui dire, et comme il y a longtemps que je n'ai causé avec elle ! Dites-lui que je ne l'oublie pas, et que je la remercie tendrement de ses bonnes et longues pages. Je lui écrirai un de ces jours ; j'ai commencé par vous, parce que vos deux chères lettres méritaient bien un double merci... Oui, ma chérie, merci de *tout* ce que vous me dites si bien. Je fais mon mois du Sacré Cœur, en union avec Belle-Croix, et le 16 juin, à la pieuse veillée auprès du Très Saint-Sacrement, je serai là, par mes désirs. On prie si bien auprès de notre Jésus de famille ; parlez-lui souvent de moi, j'ai besoin de lui.

Si vous aviez un instant, vous seriez très bonne de me dire ce que font les Enfants de Marie pour la fête de ma Mère. De loin, je voudrais faire un peu comme vous, et offrir mes vœux, à la même date et de la même manière ; je me sens tellement *de Belle-Croix*, que je veux y être le plus possible. Ah ! vive notre Sacré-Cœur, ma chère Marie-Angèle !... Je causerais encore ; mais il est grand temps de me taire, et je ne puis que vous envoyer ma tendresse, à partager avec ma chère Marie-Thérèse.

Votre sœur et amie,

ANTOINETTE,
Enfant de Marie.

Torchamp, 26 juillet 1893.

CHÈRE MARIE-ANGÈLE,

De cœur et d'esprit, je suis votre *Triduum* de fin d'année qui doit être bon, fervent et encourageant autant que possible. Vous êtes toutes bien heureuses qu'il vous soit donné par le Révérend Père P. ; la connaissance est faite depuis la retraite, c'est plus facile.

Vous verrez ma sœur mardi prochain, elle sera tout heureuse de pouvoir vous embrasser avant votre départ ; elle le fera aussi pour moi, et *très tendrement*, j'espère. Nous continuerons à nous écrire, n'est-ce pas ? Parlez-moi avec détails de ce que vous faites, de votre chère famille, de ce qui vous intéresse ou vous fait de la peine. Restons toujours bien sœurs. Je vous remercie du fond du cœur d'être assez bonnes toutes les deux pour m'aimer un peu, et je puis vous assurer que j'ai pour vous une affection très fraternelle, sur laquelle vous pouvez vraiment compter, mes bonnes amies. Puis-je vous écrire librement, et compter que mes lettres ne seront vues que par vous ?...

Seulement, vous ferez bien de les brûler de temps en temps, après les avoir lues tout à votre aise.

Jeudi. — Chère Marie-Angèle, je reprends ma lettre ce matin, en arrivant de la Messe où j'ai beaucoup prié à votre intention. C'est aujourd'hui la clôture du *Triduum*, et, jusqu'à dimanche, vous allez sans doute être très absorbée par vos examens. Je vous félicite d'avance des succès que je lirai avec bonheur dans le palmarès ; je remercierai le bon Dieu avec vous, car, en toutes choses, il est le principe et la fin !..

Ma lettre à Marie-Thérèse vous aura dit le plaisir que m'a fait votre ravissante statue de la sainte Vierge, mais il faut que je vous en remercie encore. Que vous êtes donc gentilles pour moi, vous savez toujours me faire plaisir ! Je ne puis me lasser de regarder notre Mère immaculée, et Jésus *son cher Trésor ;* c'est devant elle que je viens m'agenouiller et prier pour vous, bien particulièrement ces jours-ci.

Merci de me faire connaître la dévotion à saint Antoine. J'aurai souvent recours à ce cher saint... J'ai tant à demander au bon Dieu !... Notre pauvre petite Marthe, que nous avions cru presque guérie, est hélas ! loin de l'être ; depuis trois jours, elle est de nouveau dans une gouttière, pour bien des mois sans doute ! Heureusement, elle ne souffre pas beaucoup et supporte comme un petit ange toutes les privations qui lui sont inévitablement imposées... La déception est d'autant plus grande, que nous avions beaucoup espéré. Mais il faut se dire que

Dieu est maître, qu'il fait tout par amour, et il ne nous abandonne certainement jamais.

Allons, je m'oublie avec vous, ma bonne Marie-Angèle, cela me coûte tant de vous dire adieu !... A Dieu, cependant, chère et bien-aimée petite sœur... En lui, nous nous retrouverons toujours ! Ayez un souvenir pour votre Antoinette, dans votre dernière prière à la chapelle de *Mater*, et demandez encore à la sainte Vierge de nous garder toutes dans son cœur ! J'embrasse ma chère Marie-Thérèse avec toute ma tendresse.

Adieu, mes sœurs chéries. Oh ! comme ce petit mot est peu fait pour le pauvre cœur humain !... *Au revoir* plutôt ; quand Jésus le voudra... Vous savez si je vous aime !

ANTOINETTE,
Enfant de Marie.

Torchamp, 11 août 1893.

Mes sœurs chéries, il est bien tard ; mais je n'ai pas eu une minute à moi dans la journée, et je ne veux pas me coucher sans venir causer un instant, pour vous dire à toutes les deux, en vous embrassant de tout mon cœur, combien je penserai à vous après-demain !... Le 13 août est un douloureux anniversaire, mes pauvres amies, je veux au moins que cette triste date vous apporte un souvenir de votre Antoinette qui partage *fraternellement*

vos peines, vous le savez... Je prierai très particulièrement pour vous : pour votre présent, pour votre avenir,
pour tous ceux que vous aimez ; je prierai aussi pour
l'âme de vos chers absents, que le bon Dieu a ravis à
votre tendresse, et qui vous attendent au Ciel, où l'on
sera toujours heureux ! Comme il y fera bon, mes chères
amies !... Courage ! nous y serons bientôt... Je ne sais
qui de nous trois y arrivera la première ; mais qu'elle
se souvienne du cher trio, n'est-ce pas ? et intercède pour
lui près de Jésus.

Amies, j'espère de tout mon cœur que nous pourrons
nous embrasser à notre passage à Moulins ; je prie pour la
réalisation de ce *cher* projet, mais je ne peux pas encore
vous dire le jour, l'ignorant absolument. Je vous écrirai
d'ici peu une *vraie lettre*, car j'ai une foule de choses à
dire, et ce soir il faut vraiment que je me taise, d'autant
plus que nous devons partir demain matin à l'aurore,
pour aller passer deux jours chez mon oncle, à l'occasion
des courses de Bagnoles, petite station thermale fort gaie
et agréable. Nous reviendrons lundi.

J'ai bien peur que papa ne soit obligé de retourner en
Auvergne pour le 20. Les élections le rappelleront sans
doute. Ce pauvre papa n'est pas très vaillant, et maman
encore moins, nous en avons beaucoup de peine.

Vous pensez comme je suis heureuse de retrouver ma
chère Marie, ainsi que Françoise ! Nous parlons très souvent
du Bourbonnais... Notre petite Marthe va mieux comme
santé, mais sa pauvre jambette ne nous donne guère de

consolation. Au milieu de tous ces enfants, c'est triste de la voir privée de ce qui amuse les autres ! Ma chère tante de la Messuzière est bien, bien touchée de penser que vous demandez au bon Dieu la guérison de sa chère fillette ; elle vous en remercie de tout son cœur. Si vous me le permettez, je vous enverrai le memento de notre chère tante Marie, la mère de nos trois petits orphelins auxquels vous vous intéressez avec tant de bonté. Nous sommes *si sœurs* que je me permets cela. Je suppose que vous êtes comme moi, j'aime vraiment tout ce que vous aimez, et tout ce qui vous intéresse me tient très fortement au cœur ! Allons, je devrais dormir depuis longtemps... Bonsoir, petites sœurs. Merci, à l'une et à l'autre, de vos bonnes lettres. — Nous nous réunissons toutes les trois pour vous embrasser tendrement. Vous savez comment vous aime, en Jésus et Marie,

Votre sœur et amie,

ANTOINETTE,
Enfant de Marie.

Torchamp, lundi 28 août 1893.

CHÈRE MARIE-THÉRÈSE,

J'attendais de savoir quelque chose de sûr, avant de vous annoncer notre passage à Moulins, c'est la raison de mon silence depuis la date du 11 ; mais j'ai fait souvent en esprit le cher voyage de Torchamp en Bourbonnais. Hélas ! mes pauvres amies, je crois que Notre-Seigneur nous demandera le sacrifice de ce revoir tant désiré, qui nous aurait fait beaucoup de plaisir et beaucoup de bien ! Nos projets ne sont pas encore très arrêtés ; mais voici ce qui est *probable :* nous partirons le mercredi 6, au matin. Un arrêt à Tours nous permttra d'aller faire une visite à notre chère Mère S., que nous avons eu le chagrin de manquer à Laval. Madame Le B. est au Mans, mais impossible de faire halte cette fois. Quant à notre cher arrêt de Moulins, celui auquel nous tenons le plus, il est tout à fait question de le supprimer. Vous sentez quelle peine ce serait pour nous, quelle déception ! Rien n'est irrévocablement décidé, et, pour ce qui dépend de nous, nous ferons le possible et l'impossible, bien que nous n'ayons aucune voix au chapitre, cela se comprend ! Maman voudrait que nous pussions nous arrêter, mais elle n'est pas très bien portante, papa ne va pas bien non plus, ce qui fait que l'on cherche à simplifier le voyage, autant que possible. Abandonnons tout au Cœur de Jésus, et espérons ! Il est si bon ! la sainte Vierge si puissante ! Et notre cher petit saint Antoine, je suis sûre qu'il va se mettre en frais pour nous faire plaisir.

Dès que je saurai quelque chose de positif, je vous écrirai un mot, ma bonne Marie-Thérèse, afin que nous nous réjouissions ensemble, ou bien que nous fassions généreusement notre sacrifice, si Jésus le demande !

Ma tante de la Messuzière nous quitte mardi : c'est un

gros chagrin, car nous l'aimons comme une sœur aînée, et nous nous entendons avec elle, Marie et moi, aussi bien qu'entre nous deux : ce n'est pas peu dire ! La chère petite Marthe garde, malgré son mal, un entrain charmant, elle demande sans cesse au bon Dieu, qu'elle aime beaucoup, « de la faire marcher toute seule ».

Que de choses je voudrais vous dire et vous demander, ma chérie ! Parlez-moi bien de ce que vous faites, de tout ce qui vous intéresse ; les longueurs ne sont jamais assez longues entre amies... Vous devez être tous ensemble en ce moment, et jouir les uns des autres ?

Nous attendons des amis pour déjeuner, et je vois que je m'oublie avec vous, tandis que mille soins matériels me réclament.

A Dieu ! mes chères et bien-aimées petites sœurs ; nous nous réunissons toutes les trois pour vous embrasser.

Marie vous remercie de vos bons vœux de fête.

Adieu encore, ou plutôt, à bientôt, j'espère ! Prions beaucoup. Vous savez si je vous aime !

Antoinette,
Enfant de Marie.

Torchamp, 2 septembre, samedi soir, 6 h.

Chères petites sœurs, je n'ai qu'un instant et une foule de choses à vous dire, aussi je ne vais pas me noyer dans les détails, vous me comprendrez quand même.

D'abord, vous êtes d'incomparables amies. Merci pour vos lettres si affectueuses ; pour vos bonnes prières à l'intention de notre chère petite Marthe. Ma tante nous a quittés avec sa gentille bande, et nous avons de bonnes nouvelles de leur voyage.

Combien nous prions pour l'âme de M. N., et pour les huit orphelins qu'il a laissés si tristes et si seuls !... On a peine à croire à de pareils malheurs, et vraiment le bon Dieu montre qu'il est le Maître ! Il est Maître aussi quand il envoie à Belle-Croix la bonne Mère de F. pour remplacer notre bien-aimée Mère de S. Les élèves auront un grand sacrifice à faire, mais c'est l'apprentissage de la vie de foi et d'abnégation !... Pour nous, les choses changeront peu ; nous pourrons voir notre bonne Mère, comme par le passé, quand nous aurons la consolation de nous arrêter à Belle-Croix. Quelle force dans ce gouvernement de la Société du Sacré-Cœur ! C'est viril et beau ! C'est du pur surnaturel ! Le bien des âmes doit sortir nécessairement de tous ces sacrifices, qui font saigner le pauvre cœur humain... Beaucoup ne comprennent pas, cela ; c'est pourtant admirable ; *trop haut peut-être !*

Maintenant, chéries, nos projets : départ d'ici mardi soir, arrivée à Tours le mercredi matin. Nous y restons jusqu'à midi pour voir ma Mère S. ; le soir à Moulins, vers 7 heures. Je pense que nous pourrons coucher à Belle-Croix, nous en repartirons jeudi à midi pour être le soir au Ranquet. Voilà donc, mes chères amies, ce qui est décidé... Pourrez-vous venir au Sacré-Cœur ?... Oh ! je

vous en conjure, VENEZ !... Je sais bien que ce sera difficile, surtout parce que nous ne restons qu'une matinée.
Le rêve serait que vous veniez coucher dans un lit du
dortoir *mercredi ;* au moins nous aurions la nuit pour
causer! Oh! si vous pouviez!... Prions la sainte Vierge
de tout arranger pour le mieux.

A Dieu, mes amies si aimées. A BIENTOT, j'espère. Marie
vous embrasse comme moi du plus tendre cœur.

ANTOINETTE,
Enfant de Marie.

Le Ranquet, 9 septembre 1893.

Mes sœurs chéries, nous sommes encore dans les malles
et les paquets, mais je veux absolument prendre le temps
de vous envoyer un mot de tendresse... Le bon Dieu nous
a demandé un *très grand* sacrifice, et vos lettres si
affectueuses, si pleines de regrets, m'ont prouvé que vous
le sentiez vivement. Nous avions beaucoup prié pour
obtenir cette grâce, Jésus a brisé notre pauvre cœur en
nous en privant juste au moment où nous nous croyions
exaucées. Il nous aime pourtant, il sait ce qu'il nous faut!...
S'il choisit le *sacrifice*, c'est qu'il veut par là nous rapprocher de lui... COURAGE donc, mes petites amies... Pour
mon compte, j'ai très souvent besoin de me dire ce mot,
à moi-même, et je le redis chaque fois que je pense à notre

déception, car l'amitié sincère trouve dur... *bien dur*, des séparations dont on n'entrevoit pas la fin.

En arrivant à Belle-Croix, mercredi soir vers 7 heures et quart, nous avons été reçues à bras ouverts... Notre chère Mère de S. nous attendait au salon de Monseigneur. On a eu la bonté de faire coucher maman au Sacré-Cœur, ce qui lui a évité une grande fatigue. Jeudi matin nous étions tout à fait reposées ; j'ai si bien dormi dans mon petit sentier du dortoir de la sainte Vierge !

Nous nous sommes confessées à M. l'abbé, avant la Messe, et nous avons pu communier dans cette chère chapelle où Jésus est ineffablement bon ! J'ai pensé à vous auprès de *Mater Admirabilis* ; c'est dans ce sanctuaire plein de souvenirs que j'ai offert à Jésus notre sacrifice, par les mains de Marie Immaculée!... Faut-il espérer que le 8 décembre nous réunira ?... Hélas ! pour nous, nous n'avons guère cet espoir !... Toujours : *Fiat voluntas tua !* De Belle-Croix il faut que je vous ramène à Tours. Je ne puis dire ma joie et mon émotion, en revoyant ma Mère S., mercredi matin !... A 7 heures elle nous recevait à Marmoutier, et elle ne nous a pas quittées une minute jusqu'à 10 heures, où nous avons été obligées de reprendre le chemin de la gare. Elle a un air tout à fait heureux sur « *la terre des saints* » et trouve que ce bon climat lui rend des forces. Mes sœurs lui ont en effet trouvé meilleure mine que lorsqu'elles l'avaient vue à Laval, en venant à Torchamp. Ma Mère S. a bien laissé à Belle-Croix une partie de son cœur ; elle s'intéresse à tout ce qui s'y passe, comme si elle y était encore ! C'est toujours la bonté parfaite, et cela nous a fait un vrai bien de la revoir, juste en revenant de notre cher Torchamp que nous quittons toujours avec peine. Oh ! que ce départ était triste, mardi soir ! Comme le cœur est peu fait pour ces brisements continuels !... Nous venons de recevoir une lettre tout assombrie de notre pauvre grand'mère, qui ne peut pas s'habituer à nous sentir si loin d'elle !

Je me tais, mes sœurs chéries, car j'ai encore bien des choses à mettre en ordre d'ici ce soir. Je suis moins libre de mes heures qu'à Torchamp ; mais je vous promets de vous écrire aussi souvent que cela me sera possible ; vous savez que je ne compterai jamais avec vous...

Mes sœurs vous envoient toutes leurs tendresses. A Dieu, ma bonne Marie-Thérèse et ma chère Marie-Angèle, je vous aime toutes les deux avec le meilleur de mon cœur, dans le Cœur de Jésus.

Antoinette,
Enfant de Marie.

Le Banquet, mardi soir, 19 septembre.

J'ajoute vite un mot à la lettre de ma chère Marie, car je ne puis voir partir un courrier à votre nom sans y glisser mon petit brin de tendresse pour mes sœurs chéries ! Faut-il vous dire que je pense à vous ?... Ah ! je ne vous le dirai jamais autant que cela est vrai ; c'est mon occupation de tous les instants ; il me semble parfois que je suis près de vous, et que nous causons à cœur ouvert. Hélas ! ce bon moment n'est point encore venu ; mais Jésus dans son amour nous le prépare, j'en ai la confiance, et je le lui demande de tout mon cœur !...

Ma Mère de S. me dit qu'elle vous attend le 29. Je me réjouis pour vous de cette bonne journée, et je vous prie de porter mon cœur avec les vôtres aux pieds du tabernacle de Belle-Croix et de notre Mère Immaculée ! Dites aussi quelque chose de ma part à notre chère et si bonne Mère de S.!... J'ai reçu ce matin une *lettre parfaite* de Madame B., ce qui ne m'était pas arrivé depuis le mois de janvier. Plaisir retardé, puis donné, *plaisir doublé !*

Marie vous raconte les *petites nouvelles de l'endroit :* aussi je n'entreprends pas ce sujet. Nous trouvons que les vacances passent bien vite, et vont nous enlever trop tôt notre chère Benjamine ; de demain en quinze, il faudra se quitter... En attendant, je vous assure que notre temps est bien rempli par mille courses et occupations diverses. Cette semaine nous travaillons à nous faire des robes de serge blanche pour le mariage dont vous parle Marie. Je penserai à vous tout en dansant lundi soir... Plus d'une fois je me dirai : « Comme je serais plus heureuse d'être avec mes petites sœurs de T.!... » Et puis (dussent mes 18 ans réclamer leurs droits...), je trouve que l'on n'a pas toujours le cœur bien gai, même en s'amusant... Le mien est rempli de mille choses, surtout du souvenir de ma bonne grand'mère, si triste depuis notre départ; puis ma pauvre Marthe qui a encore souffert ces jours-ci comme un petit ange martyr ! Merci de prier pour elle !

Adieu, pensez à moi près de Jésus ; vous savez comment vous aime

Votre ANTOINETTE,
Enfant de Marie.

Le Ranquet, 27 septembre 1893.

Ma bonne Marie-Thérèse, je m'unis de cœur à votre chagrin, et je vous remercie tendrement de me l'avoir appris tout de suite... Oui, mes petites sœurs chéries, vos intentions sont miennes, vous le savez, et nos cœurs sont plus unis encore dans la peine que dans la joie !... Je comprends votre douleur, et je prie beaucoup pour vous, pour votre cher oncle, pour l'âme de votre pauvre cousin, enlevé si promptement et d'une manière si terrible. Quelle tristesse pour son père de n'avoir pu lui fermer les yeux et recevoir ses dernières tendresses et ses derniers désirs ! Mais aussi quelle consolation de penser que son cher fils a pu être assisté par un prêtre, et recevoir l'absolution avant le terrible passage !... Sa bonne mère l'aura reçu au Ciel, puisque, comme vous me le dites, elle l'y avait depuis longtemps précédé ; ensemble, ils veilleront sur les êtres chéris qu'ils ont laissés sur la terre... Vous êtes entourées de bien des tristesses, mes pauvres amies ; le bon Dieu vous éprouve terriblement en frappant tous les chers vôtres !... Dans les familles bien unies, la douleur des uns ou des autres n'est-elle pas la douleur de tous ?... Il fait bon, n'est-ce pas, regarder souvent le ciel, et penser à l'éternelle réunion !... Notre tour viendra, *bientôt peut-être*, et nous nous retrouverons au jour du grand rendez-vous ! Que le bon Dieu vous aide et vous console, mes petites sœurs chéries. Irez-vous à Belle-Croix le 29 ?... Je le désire pour vous. Cela vous ferait tant de bien !... Ne m'oubliez pas auprès de toutes nos Mères et particulièrement auprès de notre bonne Mère de S. Une visite à Jésus, à *Mater Admirabilis*.

Il y a déjà bien des jours que nous n'avons pas eu de nouvelles directes de notre petite Marthe, ma tante étant fort occupée par ses préparatifs de départ ; elle va reprendre un de ces jours le chemin du Mans, car la rentrée des Pères est le 4 octobre. Les nouvelles de Torchamp sont assez bonnes, et Gabrielle prend de bonnes résolutions pour l'année qui va commencer ; j'espère qu'elle profitera de la précieuse éducation du Sacré-Cœur.

Nous allons reprendre, Marie et moi, notre petite vie d'hiver, en demandant à sainte Philomène de veiller sur la santé de notre chère maman, afin qu'elle ne soit pas malade comme l'année dernière.

A Dieu, mes chères petites amies ; maman et mes sœurs ne veulent pas être oubliées près de vous ; comptez sur nos prières pour vous et les chers vôtres. A Dieu encore... Je vous embrasse de tout cœur, et vous savez si je vous aime.

ANTOINETTE,
Enfant de Marie.

Le Ranquet, ce dimanche 15 octobre 1893.

Je prends mon grand papier, mes chères petites amies, et j'ai tant de choses à vous dire qu'il sera bientôt rempli. ...D'abord *merci*, mille fois merci, de vos bonnes et charmantes lettres qui nous font passer de doux moments. Chaque jour j'attends le facteur comme le Messie; et quand il m'apporte quelque grosse enveloppe du Bourbonnais, ah! que je suis contente! Cela me fait du bien pour la journée! Merci des détails sur votre séjour à Belle-Croix; vous nous faites un vrai plaisir en nous parlant ainsi de tout ce que vous faites, et de notre cher Sacré-Cœur *que nous aimons tant*. Je trouve que notre bonne Mère de S. devient *silencieuse*, cela me désole, car je vous assure que j'aurais grand besoin de ses bonnes lettres, de ses maternels conseils, et j'en suis tout à fait privée. — D'après ce que vous me dites, je vois qu'elle est toujours très occupée; j'avais espéré que, cette année, elle aurait un peu plus de « *petits moments* ». Le sacrifice! le sacrifice!... Il est partout!

Je vous suis reconnaissante de prier pour notre chère maman. Sainte Philomène nous écoute, depuis quelques jours le rhume va mieux ; du reste, après des torrents de pluie, voici un délicieux soleil de printemps, qui réjouit les âmes et se montre bienfaisant pour les enrhumés et les souffreteux : c'est un sourire du bon Dieu.

Si vous le voulez bien, commençons mardi prochain, 17, une neuvaine à la vénérable Mère Barat et au bon Père de la Colombière pour notre chère petite Marthe... Que vous êtes donc bonnes et gentilles de penser ainsi à elle !... Je remercie Jésus de m'avoir donné des amies comme vous, mes sœurs chéries, et je vous aime tous les jours davantage, si cela est possible.

Je vous en prie, dites-nous le résultat de la cérémonie du 2 octobre pour notre sainte Mère Barat (1)... Personne ne nous en a parlé, et la petite phrase de Marie-Angèle a vivement piqué notre curiosité. Oh ! si cette bonne Mère pouvait donc hâter la guérison tant désirée ! Voici des nouvelles de notre pauvre petite *infirme*... Que c'est triste de l'appeler ainsi ! Je sens les larmes me monter aux yeux quand j'écris ce mot, et je conjure le divin Maître de faire un miracle. Nous n'en sommes pas dignes, c'est vrai, mais Jésus est si bon ! la sainte Vierge si maternelle et si puissante !

Ma tante de la Messuzière a eu de terribles inquiétudes

---

(1) Ouverture du cercueil dans lequel la vénérable fondatrice de la Société du Sacré-Cœur était ensevelie depuis 30 ans. Par une grâce singulière, son corps fut retrouvé dans une admirable conservation.

ces temps-ci : le docteur redoutait de graves accidents, qui auraient rendu inguérissable ce pauvre petit genou. Grâce à Dieu, la dernière consultation a été rassurante : le docteur a constaté que l'os n'était pas atteint, ce qui, en somme, est le point capital. Il faudra faire une opération dont la souffrance sera atténuée par le chloroforme et la glace ; mais les pansements qui suivront seront très douloureux. Probablement, il faudra encore bien faire souffrir notre beau petit ange avant d'arriver au moment désiré de la guérison ! Le bon Dieu arrangera toutes choses pour le mieux, nous en avons la confiance ; puis, comment hésiter lorsque le médecin fait entrevoir la guérison comme *très probable !* Il est possible, dit-il, que Marthe puisse marcher dans deux ou trois mois, et qu'elle soit tout à fait guérie. Cette espérance nous fait à tous un bien immense, et nous redoublons de prières auprès de tous nos bons amis du Ciel !... Notre chère tante de la Messuzière a aussi le cœur à la confiance, et avec cela, elle ne peut s'empêcher de trembler en pensant aux souffrances qu'il faudra imposer à sa chère fillette ; elle puise, comme toujours, son courage dans son ardente piété. Priez un peu pour elle et pour notre cher oncle, mes bonnes amies ! Notre-Seigneur leur fait déjà une grande grâce en les aidant à porter leur croix avec un véritable esprit chrétien.

Le beau temps nous permet de faire quelques courses aux environs, chez des amis et des parents, que l'abondante neige de notre froide Auvergne ne nous permettra plus de revoir avant les beaux jours du printemps.

Maintenant, Marie-Thérèse, il faut que je réponde un peu à votre chère lettre d'hier ; vous avez une idée parfaite pour la fête des sœurs de Belle-Croix, et je vous engage fort à la suivre. Moi, qui suis souvent bouchée comme du champagne, je n'ai pas eu autant d'esprit, et voilà le fruit superbe de ma féconde imagination :

J'ai pensé que Marie et moi nous pourrions faire pour chacune des sœurs une croix en bristol, avec une photographie et une pieuse maxime. Seulement ce sera long à faire, et nous aurons peu de temps à y consacrer. J'espère cependant que nous arriverons à bonne fin. Je vais encore réfléchir, et si quelque heureuse idée ne surgit pas de mon cerveau, nous nous en tiendrons à la première. — Vous serez bien gentilles de nous dire quel jour vous enverrez vos surprises à ma Mère de S., afin que nous fassions aussi notre envoi, et que notre Mère bien-aimée reçoive en même temps le souvenir de ses quatre filles... Il me semble que cela lui ferait plaisir. Que c'est donc charmant, mes sœurs chéries, de s'aimer comme nous, et de pouvoir se dire toutes ses petites intimités! Je m'aperçois de plus en plus que vous tenez une grande place dans ma vie : et que nous sommes vraiment sœurs... Cette pensée me rend heureuse !...

9 heures du soir. — Pardon de mon bavardage, mes pauvres amies, j'ai si bien fait la causette que j'ai laissé passer l'heure du courrier ; j'en profite pour venir vous dire un petit bonsoir. Nous avons reparlé de nos projets pour la saint Alphonse, et je pense que nous ferons décidément nos petites croix en bristol, la photographie au milieu, un ruban passé dans la croix, et une simple dent au bord. Il me semble que cela sera bien au goût des bonnes sœurs. Quand je vous écrirai de nouveau, je tâcherai de vous envoyer un spécimen de ces superbes chefs-d'œuvre.

Cette fois je me tais, puisque *la raison* le veut ; il faut lui obéir et reconnaître ses droits... Mais *le cœur*, lui, a toujours à dire, et la plume trotte sans peine quand il s'agit de courir à T. Adieu cependant, mes amies si bonnes. Bonsoir, dormez bien, et, si vous le pouvez, rêvez au Ranquet, où vous êtes si aimées !... Je vais m'endormir en pensant à vous, et je vous enverrai mon bon ange, qui vous dira mille secrets de ma part ! Bonsoir, petites sœurs !...

ANTOINETTE,
Enfant de Marie.

Le Ranquet, ce mercredi 24 octobre 1893.

Chères amies, je vous envoie un spécimen de nos petites croix qui sont terminées ; mais je pense que nous attendrons samedi, afin qu'elles arrivent juste le 29. — Nous en avons fait une plus grande et plus jolie pour notre bien-aimée Mère de S. Je ne sais pas si vous êtes plus favorisées que nous, mais nous ne recevons plus de ses bonnes lettres, qui font tant de plaisir et tant de bien ; cela nous manque beaucoup. J'espère tous les jours que le facteur va m'apporter un mot, et j'espère depuis plus d'un mois, sans que mon espérance soit réalisée.

Une bonne lettre de Madame L. est venue nous réjouir ce matin, en même temps que celle de notre Françoise. Nous avons le compte rendu de la belle cérémonie du 2 octobre. Cette conservation si complète du corps de la vénérable Mère Barat est vraiment merveilleuse. Quelle grâce pour la Société du Sacré-Cœur ! Je voudrais avoir des reliques de notre sainte Mère, et j'espère en obtenir par ma Mère de S. Nous faisons notre neuvaine avec ferveur et nous attendons toujours !... Madame L. m'écrit que le 2 octobre, à l'heure où avait lieu l'ouverture du caveau de Conflans, *deux guérisons complètes et miraculeuses* ont été obtenues par l'intercession de la Mère Barat !... Ah ! si elle voulait nous accorder aussi un miracle pour notre pauvre petite Marthe ! Croiriez-vous, mes chères amies, que sa jambe est de plus en plus malade ?... Il faut en venir à une opération, qui a lieu un de ces jours, peut-être aujourd'hui, nous ne le savons au juste : cela dépend du médecin chirurgien... Vous jugez dans quelles angoisses nous sommes ! Le cœur est à la torture... et à l'espérance aussi. Notre-Dame de Lourdes et la sainte Mère Barat sont si puissantes sur le Cœur du bon Maître !... La petite malade sera chloroformée, et ne sentira pas la souffrance pendant l'opération ; mais quel réveil !... Puis, les pansements seront si douloureux !... mon oncle et ma

tante sont admirables de foi et de résignation ; le chemin
de la guérison est bien pour eux le chemin de la Croix ;
ils souffrent de tout cela, autant et plus que la pauvre
chérie, qui, grâce à Dieu, conserve son appétit, sa gaieté
et son entrain. Une dépêche, attendue ce soir ou demain,
nous dira si les docteurs sont contents ; il faudra encore
quelques semaines avant que Marthe puisse marcher,
bien entendu si l'opération réussit... Et, ô mon Dieu, si
si elle ne réussissait pas !... Il n'y aurait plus *rien* à attendre du côté des hommes, d'après ce que disent les médecins ; mais en regardant le Ciel, peut-on désespérer jamais?
Notre-Dame de Lourdes n'obtiendra-t-elle pas un miracle
de son divin Fils ?... — Pardon, mes sœurs chéries, de
vous parler longuement de notre petite martyre ; j'ai le
cœur si gros de toutes ces tristesses que je ne puis m'empêcher de vous en dire quelque chose !...

A Dieu, chères petites sœurs, j'attends de vos nouvelles
avec beaucoup d'impatience, et je commence à trouver
qu'il y a des éternités que nous ne nous sommes pas vues...
Je voudrais vous recevoir ici, et passer de la sorte
quelques bons jours ensemble... Oh ! que cela ferait du
bien à l'avidité de mon cœur ! Marie vous envoie beaucoup d'amitiés. — Je vous embrasse avec toute la tendresse de ma chaude affection.

Antoinette,
Enfant de Marie.

Le Ranquet, 30 octobre 1893.

Mes bonnes amies, votre charmante petite boîte rose nous est arrivée jeudi, nous apportant, avec les noix à surprises et les délicieuses fleurs de notre cher T., un écho de la douce affection de nos sœurs bien-aimées. Les fleurs ont été mises dans un tout petit vase fleurdelisé qui était juste de taille, et, avant de les voir se faner entièrement, les deux boutons de rose seront séchés et conservés avec le soin, je dirai même la tendresse, dont on entoure ce qui rappelle les *vrais amis*... Vous savez quelle place vous avez parmi ceux-là, mes sœurs chéries... En défaisant la petite boîte, en dénouant la jolie faveur, je me disais : « Ce sont *elles* qui ont arrangé tout cela ; *elles* qui ont cueilli ces fleurs ; *elles* qui nous envoient ces bonnes dragées dans ces belles noix de T... C'est Marie-Thérèse qui a écrit les maximes si bien choisies... C'est peut-être Marie-Angèle qui a fait le paquet... Oh ! les bonnes petites sœurs !... » Et je me prenais à désirer de pouvoir aussi voyager par la poste, pour la somme de trois sous... et de vous arriver bientôt, comme un pauvre paquet, mais comme un paquet qui vit et qui sait *aimer!*... Je ne puis pas vous dire combien j'ai envie de vous revoir !.. Je n'ose pas m'arrêter à l'idée d'une prochaine et douce réunion, car il me semble que cette chère espérance se changerait peut-être en une déception et un dur sacrifice !... Aimons la volonté du bon Maître, n'est-ce pas? mes amies chéries. Demandons à notre Mère immaculée de nous apprendre à dire toujours *Amen* et *Alleluia!* Nous partons demain matin pour Clermont, en voiture, et nous reviendrons vendredi, y laissant Marie, qui s'est décidée à suivre une *retraite fermée*, prêchée par le Père M. au couvent de l'Immaculée Conception. Elle s'ouvre jeudi à deux heures, et la clôture est fixée au 7 novembre. Marie passera la journée au monastère, et aura une chambre à sa disposition, pour les temps libres ; mais elle viendra dîner et coucher chez nos bonnes amies de l'II. que nous aimons beaucoup, qui sont très simples, et tout à fait pieuses et bonnes. — Ma chère sœurette terminera donc chacune de ses journées par une *retraite aux flambeaux*, qui ne manquera pas de charmes, je pense... Je tâcherai d'en avoir un petit aperçu jeudi soir, puisque je serai encore à Clermont avec papa et maman. -- Vendredi matin, nous assisterons à la messe et à l'instruction des Enfants de Marie, dirigées par le Père M. Il a organisé l'année dernière cette congrégation, particulièrement pour les dames et les jeunes *ou vieilles* filles, anciennes élèves du Sacré-Cœur. Le premier vendredi, il y a messe et instruction, et le troisième vendredi du mois, la réunion est dans l'après-midi ; il y a salut, instruction, puis réunion d'ouvrage, pendant laquelle le Père lit ou parle de lectures. Notre travail est destiné aux Missions d'Orient.

Nous sommes heureuses de passer à Clermont la chère

fête de la Toussaint et celle du 2 novembre. Je penserai particulièrement à vous, mes petites sœurs chéries, et à vos chers absents, trop tôt ravis à votre tendresse!... Le jour de la Toussaint nous mettrons en commun toutes nos intentions, n'est-ce pas? pour les confier aux protecteurs de nos chères familles qui nous bénissent du Ciel... et nous attendent là-haut. Et, le 2, combien nous prierons pour les âmes du purgatoire! Nous y avons peut-être encore hélas! les unes et les autres, des amies que nous aimons, et dont nos prières et nos sacrifices pourront hâter la délivrance!...

Quel beau jour, à Belle-Croix, que ce jour de la Toussaint!... Je chanterai le « Beau Ciel! » dans le fond de mon cœur! C'est de vous que je l'ai entendu pour la dernière fois, ma chère Marie-Thérèse. Marie et moi, nous prendrons peut-être des leçons de chant, si nous allons à Clermont pendant le carême; il me semble que cela doit être très agréable. Vous en avez sans doute à Belle-Croix tous les quinze jours? Dites-nous bien ce que vous faites... expliquez-moi votre petite vie à T. Je me représente facilement Marie-Thérèse, le pinceau à la main, travaillant du matin au soir à ses fameuses images, pour arriver à la centaine! Je la vois poser quelquefois le pinceau pour faire agir l'aiguille, ou laisser courir la plume vers ses amies...

Mais, je ne sais pas pourquoi, j'ai plus de mal à me figurer la journée de ma chère Marie-Angèle... Dites-moi ce que vous faites, ma chérie, et un peu comment est

distribué votre temps. Je serais contente de pouvoir me
dire : « Maintenant on travaille, on peint, on lit, puis dans
un moment mes amies iront se promener, elles feront leur
visite au Saint-Sacrement, et peut-être qu'elles diront à
Jésus une prière pour leurs amies du Ranquet, etc... »
Le 8, je penserai que vous êtes à Belle-Croix, et je me
réjouirai de votre bonheur que je voudrais partager !

Nous avons passé bien des jours dans l'angoisse et la
prière, au sujet de notre petite Marthe! La terrible
opération a été faite mardi dernier, par deux médecins
du Mans ; on a endormi l'angélique petite martyre, et,
pendant une heure, on a torturé sa pauvre jambe !... Mon
oncle et ma tante avaient été priés de se retirer, et de
laisser les docteurs seuls avec deux sœurs gardes-malades.
— De la chambre où ils priaient ensemble pour leur fille
chérie, ils ont entendu, au commencement, deux horribles
cris de douleur!... Vous comprenez leur bouleversement,
ils ont cru que Marthe était réveillée... Alors c'eût été
affreux. Heureusement la chérie dormait toujours, et la
vivacité du mal l'avait fait crier sans qu'elle en eût conscience. — Quand l'opération a été finie, on l'a rapportée
endormie dans son petit lit, et elle ne s'est doutée de
rien. Pendant toute la journée et le lendemain, elle était
très faible, mal à l'aise, ne pouvant absolument rien
prendre, que quelques cuillerées de lait à la glace et de
champagne frappé ; le chloroforme produit souvent ce
malaise, paraît-il. — Hier, j'ai reçu une bonne lettre de
ma chère tante, les nouvelles sont meilleures ; pourtant les

pansements sont terribles et douloureux ; en dehors de ces moments-là, Marthe souffre peu. Il faut du temps encore ; sera-ce enfin la guérison ? Oh ! que le bon Dieu le veuille !... Merci de prier avec nous, mes pauvres amies, et de si bien partager notre peine. — Quand Marthe sera plus grande, elle vous rendra, devant le bon Maître, ce que vous faites pour elle ; ses chers parents en conserveront le plus reconnaissant souvenir !

Maman continue à aller bien. Olivier grandit et commence à travailler davantage : lecture, catéchisme, grammaire, histoire sainte, fables et petits devoirs rentrent dans mes attributions, aussi mon cher élève absorbe une grande partie de mes journées. Marie est le patient professeur d'écriture, papa celui d'arithmétique et de géographie. Je me charge des préparations de fêtes, et je fais faire à Lili des pratiques dans le genre de celles qui nous mettaient si bien en ferveur à Belle-Croix. Il n'est jamais trop tôt, ce me semble, d'ouvrir à la piété les petites âmes d'enfants.

Vous voulez, chères amies, mon ordre de journée. Je vais vous satisfaire mathématiquement : lever à six heures et demie, une heure plus tôt quand nous avons le bonheur d'aller à la sainte Messe. Avant le petit déjeuner, je fais ma prière, ma méditation dans ma chambre, quelquefois je vais au jardin pour l'oraison, mais alors elle se prolonge beaucoup, sans que *le plus* devienne *le mieux*... Entre huit et neuf, on attend le facteur, c'est l'heure des désirs, des joies ou des déceptions... Quand le calme s'est fait dans le cœur et 'esprit, j'emmène mon petit élève pour une classe fort sérieuse jusqu'à dix heures. Je le quitte pour faire un tour au fruitier, dont j'ai la responsabilité, pour préparer le dessert, aussi artistement que possible, puis je travaille jusqu'au déjeuner de onze heures.

Pendant la *récréation de midi*, nous jouons souvent un petit air de piano; nous nous promenons, en lisant quelquefois. Oh! la lecture, je ne l'ai pas au gré de mon appétit; c'est un plaisir que je prends en passant, un peu à la méthode des soldats de Gédéon qui devaient boire sans s'arrêter... A une heure et demie, pendant qu'Olivier étudie sous ma surveillance, j'écris, je peins, ou je travaille; jusqu'à quatre heures, je suis maîtresse de classe. A ce moment-là, nous faisons un tour de promenade, et nous nous remettons à manier l'aiguille jusqu'à ce que le jour décline. C'est l'instant choisi pour dire tous ensemble le chapelet; après, nous causons en famille; je m'éclipse un quart d'heure pour voir mon fruitier, mes desserts, et à six heures et demie nous dînons. Olivier se couche à huit heures. Un peu après, les domestiques viennent, et papa fait la prière pour tout le monde. Nous restons encore réunis au salon jusqu'à neuf heures et demie, signal des bonsoirs.

Voilà, petites sœurs, notre programme de journée; je n'ai pas indiqué de moment pour penser à vous, parce que je le fais à tout moment; surtout quand je suis à genoux devant notre Mère immaculée, à laquelle je rends dans ma chambre de fréquentes visites.

Vous allez être effrayées en recevant ce volume, et il vous faudra du courage pour le lire jusqu'au bout !...

Ah ! mademoiselle Marie-Angèle, laissez-moi donc vous demander pourquoi vous devenez ainsi une personne à mystères ?... Que c'est donc laid de traiter ses amis avec si peu de confiance !... Heureusement, d'autres, moins mystérieuses que vous, nous ont donné depuis longtemps déjà, au sujet de notre sainte Mère Barat, mille détails chers à nos cœurs. Du reste, nous aurions pu l'apprendre par le journal, où le fait est raconté en toutes lettres ; j'avoue que cela nous eût paru un peu dur, car enfin nous ne sommes pas le public, mais bien les vraies enfants de la famille du Sacré-Cœur ! — Surtout, n'allez pas vous imaginer que nous vous en voulons le moins du monde, et laissez-nous vous embrasser avec toute notre tendresse de sœurs !...

A Dieu, mes amies très aimées ; merci encore de toutes vos gâteries et des reliques de la bienheureuse Marguerite-Marie, qui nous font grand plaisir.

Excusez le décousu de ma lettre, les distractions et oublis. Je n'entreprends pas de la relire, et je me tais enfin en vous envoyant tout mon cœur qui vous aime !...

Votre Antoinette,
Enfant de Marie.

Le Ranquet, mardi soir 21 novembre 1893.

J'ai été si bavarde avec Marie-Thérèse, ma petite Marie-Angèle, et le temps a passé si vite, qu'il ne m'en reste

guère pour causer avec vous, comme je le voudrais...
J'ai tant de choses à vous dire, ma chérie! D'abord, merci
pour vos deux *bonnes* lettres; la première m'est arrivée,
on ne peut plus à point, je l'ai lue et relue plusieurs fois
avec un vrai bonheur; j'y ai trouvé le cœur de ma chère
Marie-Angèle, et cette douce causerie intime et fraternelle m'a fait un grand bien et m'a causé une vraie joie...
C'était un écho de nos confidences du mois d'avril, le
jour de l'ouverture de la retraite des anciennes... Vous
vous souvenez, n'est-ce pas?

Je pense à vos chers absents pendant ce mois de
novembre, et, en sentant ce qui vous manque, il me semble
que je vous aime encore davantage, je voudrais savoir
vous le témoigner autant que cela est vrai!... Votre souvenir me suit constamment, et je vous retrouve aux pieds de
Notre-Seigneur et de la sainte Vierge que nous aimons
ensemble, et qui est votre *Mère* à plus d'un titre! Oh!
aimons-la de plus en plus cette Mère immaculée, et con-
fions-lui tout ce qui nous regarde, le présent et l'*avenir!*

Aidez-moi à être *fervente*, ma bonne Marie-Angèle, je le
suis si peu parfois! j'ai honte de mon âme... Ce qui me
paraissait facile et naturel il y a quelques années devient
maintenant une occasion de lutte, et souvent il me semble
que je suis peu généreuse. Je trouve que lorsqu'on est
enfant, il semble tout simple de faire tel ou tel sacrifice,
de renoncer à telle ou telle joie *du cœur*; on ne calcule
pas, on se lance, et les actes ainsi faits sont enlevés
d'emblée; mais, à mesure que l'on entre dans le vrai de

la vie, le poids de la nature se fait sentir davantage, et c'est lourd à soulever; je comprends ce mot de notre saint Père de Ravignan: « *Il faut beaucoup prier pour être tou- jours prêt au sacrifice.* » Oui, le bon Dieu seul peut donner le courage d'accomplir le plus petit acte de vertu... Prions souvent les unes pour les autres, luttons avec courage, et comptons sur Jésus et Marie pour faire le reste.

Que vous êtes gentilles de m'avoir donné des détails sur votre bonne journée du 8 ! Figurez-vous que Marie a été à Moulins avec ma tante de Laprade, pour faire sortir Fran- çoise qui ne s'y attendait pas, et a été ravie de la surprise; vous comprenez la joie de Marie, de voir notre chère sœurette et nos bonnes mères, dont elle a bien profité. On ne pouvait croire à son apparition. Les Sœurs l'ont accablée de *mercis;* je crois que nous leur avons fait plaisir, et que nous sommes haut placées dans leur affection!... Il paraît que Gabrielle est en voie de progrès; elle était tout à fait mignonne l'autre jour, c'est une consolation pour notre grand'mère qui tient tant à la sagesse de sa chère petite-fille. Cette pauvre grand'mère est souffrante, nous en sommes bien préoccupés; grand-père nous donne fidèlement de ses nouvelles, et nous sentons quel triste hiver se prépare pour eux ; la petite orpheline est le seul rayon de joie de ce cher Torchamp, si vide maintenant !

Maman ne va pas mal et ne s'est pas enrhumée, grâce à Dieu! Le seigneur Hiver a cependant fait une installation en règle dans notre froide Auvergne, et toutes les montagnes sont couvertes de neige. Le plus triste de cela, c'est d'être loin de l'église, et d'en être réduit à se contenter de la messe du dimanche, sans pouvoir y aller dans la semaine. En dehors de ma tante de Laprade, nous ne voyons personne ici l'hiver. Nous irons peut-être passer quelques jours à Clermont pour le 2 décembre. Papa fait dire ce jour-là une messe pour l'âme des zouaves et des soldats français tués à Loigny, nous tenons à y assister tous.

Au Sacré-Cœur on va songer bientôt à la grande neuvaine de l'Immaculée Conception ; de notre côté, nous la ferons de notre mieux. N'espérez pas nous voir à Belle-Croix pour le 8 décembre, ma petite sœur bien-aimée, certainement nous aurons à faire le sacrifice de cette douce joie. Mais la pensée que vous, vous y serez heureuses, et que vous prierez pour nous, nous aidera à l'accepter.

Je n'ai que le temps de vous redire ma très grande tendresse, et de vous embrasser de tout mon cœur.

Votre ANTOINETTE qui vous aime,

Enfant de Marie.

Le Ranquet, 31 décembre 1893.

Mes bonnes chéries, c'est de tout mon cœur que je vous souhaite une *sainte,* une *excellente* année; je forme pour vous les vœux les meilleurs et les plus affectueux! Tout cela est confié au divin Roi de la crèche, qui exaucera, je l'espère, les désirs fraternels pour nos petites sœurs !... L'année qui se termine n'a pas été sans peines et sans sacrifices... Mais le bon Dieu a compté tout cela, et nous le retrouverons au Ciel !... Je lui demande pour vous joies et bénédictions pendant 1894, mes amies chéries, et mes vœux s'étendent à tous ceux que vous aimez. Comment allez-vous, Marie-Angèle ? Je voudrais vous savoir tout à fait remise. Marie continue à aller beaucoup mieux, et la joie des vacances lui fait grand bien ! Elle vous remercie de votre affectueux intérêt.

Nous avons de meilleures nouvelles de Torchamp, et notre petite Marthe va plutôt mieux. Merci, mes bien-aimées petites sœurs, de penser à tous ceux que nous aimons. Vous êtes trop aimables. Nous sommes enchantés de posséder Françoise et Gabrielle pour quelques jours, et nous trouvons que le temps passe trop vite. Quelle douce surprise en recevant les chères fleurs de T. ! Ce sont les seules qui ornent le salon, et elles nous rappellent à chaque instant la bonté de nos sœurs chéries. — Je voudrais causer avec vous d'une foule de choses dont j'ai le cœur rempli... Mais aujourd'hui je ne puis que vous envoyer deux mots, avec une gerbe des souhaits les meilleurs ! Je vous écrirai, dès que je serai un peu sortie de mes trente et une lettres de jour de l'an ! Quand on est loin de tous les siens, on entrerait volontiers dans la Société protectrice des postes et télégraphes !

Adieu, les plus aimées des petites sœurs !... Prions

beaucoup les unes pour les autres... Nous vous aimons avec la meilleure qualité d'affection !

Votre ANTOINETTE,
Enfant de Marie.

Le Banquet, 12 janvier 1894.

MA BONNE MARIE-THÉRÈSE,

Voilà bien des jours que je veux vous écrire pour vous demander des nouvelles de notre chère Marie-Angèle ; on me dit qu'elle ne se lève que quatre ou cinq heures par jour et qu'elle a, de par la Faculté, défense de travailler et de s'appliquer. Voilà une sévère pénitence pour cette petite sœur chérie. Je ne cesse de penser à elle et à vous, et je me pose mille questions, auxquelles je voudrais bien une réponse. Oh ! je vous en prie, une longue lettre ! Mais je suis indiscrète ; vous devez être si occupée ! donc, deux lignes seulement pour rassurer votre vieille amie. Surtout que Marie-Angèle ne se fatigue pas à m'écrire, j'en serais désolée et j'en aurais des remords pour le reste de ma vie. Je recommande à cette chère petite sœur de se bien laisser faire, « à la plus grande gloire du bon Dieu », et à la sœur aînée de soigner sa cadette avec amour, ce qu'elle fait déjà on ne peut mieux, je suis sûre. Vous savez, Marie-Thérèse, les malades aiment à être entourés, caressés, un peu gâtés. Il faut s'ingénier pour leur faire plaisir, c'est dans l'ordre, et par là on arrive quelquefois à les guérir plus vite.

Ma chère Marie continue à progresser ; elle a repris la vie commune, mais avec ménagement. Nos deux petites pensionnaires ont apporté une bonne part de joie dans la maison pendant les jours de vacances, qui ont trop tôt fini à notre gré.

Nous sommes maintenant dans la tristesse avec la chère famille du Mans. Mon oncle de la Messuzière a été appelé par dépêche samedi dernier auprès de sa mère, qui habitait Avranches. Hélas! parti sans une heure de retard, il est arrivé lorsque tout était fini. Sa mère était une sainte, et l'espérance qu'elle jouit déjà de la récompense du Ciel est une suprême consolation au milieu de cette épreuve. Mais quelle tristesse et quel chagrin de n'avoir pu recevoir les dernières tendresses et la dernière bénédiction d'une mère bien-aimée !

Ma pauvre tante, étant très fatiguée, est restée au Mans ; elle a cruellement souffert de ne pouvoir partager les douloureuses émotions de son mari et de sa belle-sœur, et de ne pouvoir les consoler par sa douce affection ! Mon oncle a dû revenir mardi dernier ; nous attendons avec impatience des nouvelles de son triste voyage. Tant de peines laissent notre chère tante pleine de confiance dans le bon Dieu.

Maman ne va pas mal, grâce, j'en suis convaincue, à la protection de notre bonne sainte Philomène, et à vos prières fraternelles unies aux nôtres.

Adieu, mes petites sœurs ; maman vous envoie ainsi que Marie un bien affectueux souvenir ; je vous embrasse l'une et l'autre, avec la meilleure tendresse de mon cœur

Votre ANTOINETTE,
Enfant de Marie.

Le Ranquet, dimanche 21 janvier 1894.

Comment vous remercier de votre affection et des mille bontés qu'elle vous inspire, mes amies chéries?.. Je serais presque tentée de vous gronder... mais j'aime mieux vous embrasser l'une et l'autre de tout mon cœur, en vous disant mon plus affectueux merci! Merci de votre bonne lettre, Marie-Thérèse, et de la ravissante jardinière, qui est absolument délicieuse... Je reconnais le bon goût qui l'a choisie, et je ne me lasse pas de la regarder avec un œil très reconnaissant... Il me tarde de voir naître les premières fleurs, qui seront toutes fières, je pense, d'être si bien logées... Encore une fois, mes petites chéries, jamais je ne vous dirai assez le bien que me fait votre affection, et le plaisir que m'a causé votre charmant souvenir ; j'aurais voulu vous remercier tout de suite, mais nous avons eu tant à travailler cette semaine que j'ai attendu le repos forcé du saint jour du Seigneur, pour prendre la plume.

Je vous ai dit, n'est-ce pas, la mort de Mme de la Messuzière? Mon pauvre oncle est revenu au Mans il y a

quelques jours, bien fatigué et bien malheureux... Ses
enfants lui font du bien ; Marie-Thérèse (deux ans et demi)
lui dit tendrement : « Je suis contente de revoir mon petit
père !.. » Et Marthe : « Elle est au ciel, grand'mère... Il
faut dire pour elle : « Mon Jésus miséricorde ! » — Cette
chère petite m'a écrit pour ma fête la plus charmante lettre
qu'on puisse rêver, avec le secours de sa maman, quant à
l'écriture, bien entendu. Notre chère tante est un peu souffrante ; merci de prier avec nous pour elle ; je lui ai dit
votre affectueux intérêt, et elle en est très touchée, je vous
assure. — Grand'mère ne vous oublie pas non plus, et je
lui parle de toutes vos bontés, en lui écrivant. Cette bonne
grand'mère ne va pas mal, et grand-père va enfin beaucoup
mieux. Il reprend sa vie active ; cela lui fait du bien, à force
de lui faire plaisir. Je suis bien contente de penser que
ma chère petite Marie-Angèle va mieux, et je prie pour
son *prompt* et *complet* rétablissement... Ses trois lignes
pleines d'affection m'ont été droit au cœur ; j'ai deviné
bien des choses dans ces deux petits mots... Mercredi, j'ai
fait le voyage de Belle-Croix avec vous, chère Marie Thérèse, et je vous ai suivie chez notre bonne Mère de S.,
par le cœur. Que de fois aussi ma pensée s'est envolée vers
ma chère Marie-Angèle qui devait se trouver un peu
solitaire sans son aînée ! J'aurais voulu être près d'elle
pour lui donner un petit verre de *riquiqui*... lui offrir mon
bras pour une promenade, la distraire un peu en causant
gaîment, et surtout lui redire ma grande tendresse !... Ici,
nous avons un temps charmant ; on ne se croirait guère au

mois de janvier; Marie sort presque tous les jours, et ne va pas mal, sans être encore très solide...

Mes amies chéries, je fais un rêve... Vous savez !... Il faudra que vous veniez respirer l'air de notre petit Ranquet au printemps... Cela vous fera du bien, je crois; et, pour nous, quelle douce joie !... Maman vous aime beaucoup, et m'a dit l'autre jour combien elle serait heureuse de nous voir un peu réunies... Au moment de la retraite, ne pourrons-nous pas réaliser ce beau rêve ?... Le jour de notre installation à Clermont n'est pas encore arrêté ; ce ne sera certainement pas avant le 30. A Dieu ! mes chères et très aimées petites sœurs ; il est grand temps de me taire. Maman et Marie vous envoient leur affectueux souvenir, et j'y joins mes plus tendres baisers. — *Prions bien* les unes pour les autres !

Votre Antoinette,
Enfant de Marie.

Le Ranquet, 28 janvier 1894.

Ma bonne petite Marie-Thérèse,

Faut-il vous avouer que ces trois pauvres petites violettes sont le seul fruit de mes pérégrinations à travers le jardin !... Ah! elles vous diront, très imparfaitement, ma grande tendresse et mes bons vœux de fête ; cependant je vous les envoie et je les fais mes messagères, pensant que ce petit parfum du Ranquet, où l'on vous aime tant, vous apportera toujours quelque chose de bon ! Oui, bonne fête, Marie-Thérèse, ma chère Marie-Thérèse... Vous savez tout ce qu'il y a pour vous d'affection dans mon cœur, et quels sont mes tendres vœux ! Je les confie tous à notre bon Maître, après les avoir fait passer par les mains de la sainte Vierge, qui les a bénis, je pense. Comptez sur un souvenir bien particulier dans mes pauvres prières demain matin ; hélas ! je ne vous parle pas de messe ni de communion, mais je vous rendrai tout cela quand nous serons à Clermont, et que chaque journée alors commencera par la visite de Notre-Seigneur. .

Si le temps reste doux, nous partirons décidément jeudi prochain pour notre bonne capitale, où nous nous installerons avec joie. Embrassez Marie-Angèle pour moi. — Je n'ai guère le temps de vous en dire plus long aujourd'hui, ma chérie ; et cependant que j'aimerais à causer longtemps avec vous !

A Dieu, pour aujourd'hui, bien-aimée petite sœur, et encore *bonne fête !*... Que notre bon Jésus vous dise tout ce que je souhaite et désire pour vous ! Marie vous envoie toutes ses amitiés. Je vous embrasse de tout cœur ainsi que Marie-Angèle.

Votre ANTOINETTE,
Enfant de Marie.

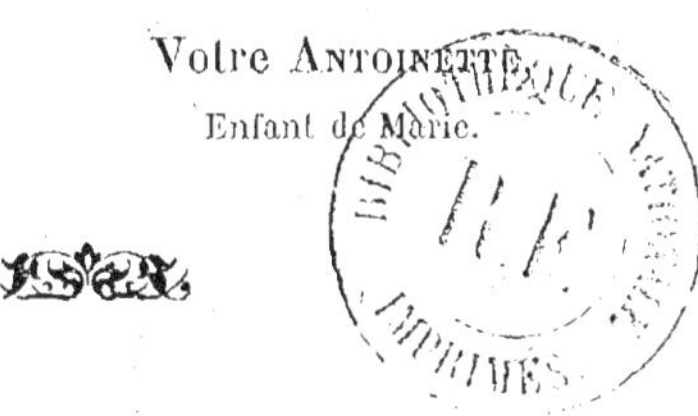

TABLE DES MATIÈRES

TROISIÈME PARTIE

RETOUR DANS LA FAMILLE

QUATRIÈME PARTIE

CORRESPONDANCE

POITIERS. — SOC. FRANÇ. D'IMPRIMERIE ET DE LIBRAIRIE (OUDIN ET Cⁱᵉ).